Diseño, metodología y gestión de un curso de *e-learning*

Diseño, metodología y gestión de un curso de *e-learning*

Mercedes Fernández Correas,
Sara Jiménez Jiménez
Silvia López García

Paraninfo | ESPECIALIDADES FORMATIVAS

Paraninfo

© Autoras: Mercedes Fernández Correas, Sara Jiménez Jiménez y Silvia López García
© Ediciones Paraninfo, SA, 2025
1.ª edición, 2025

C/ Sierra de Guadarrama 35. Naves 2, 3, 4 y 5
Pol. Ind. San Fernando II,
28830 San Fernando de Henares
Teléfono: 914 463 350
clientes@paraninfo.es / www.paraninfo.es

Producción: Nacho Cabal Ramos
Diseño: Eva Zuazua

ISBN: 978-84-283-6761-5
Depósito legal: M-4242-2025
(29.966)

Impreso en España

Liberdigital
(Casarrubuelos, Madrid)

La editorial recomienda que el alumnado realice las actividades sobre el cuaderno y no sobre el libro.

Este manual desarrolla la especialidad formativa denominada **Diseño, metodología y gestión de un curso de *e-learning* Moodle.** Con código SSCE043PO.

El objetivo general es desarrollar un curso de teleformación basado en la plataforma Moodle.

El libro responde fielmente al desarrollo curricular establecido en los 3 módulos formativos que integran el programa formativo:

Módulo 1: Diseño, estructura y desarrollo funcional de un curso *e-learning* basado en Moodle
Módulo 2: Metodología y aspectos pedagógicos del *e-learning* basado en plataforma Moodle
Módulo 3: Gestión de un curso de *e-learning* basado en Moodle

El cómputo total de horas formativas es de 60.

Las unidades del libro se acompañan de multitud de **recursos didácticos** que ayudarán a la mejor comprensión de la materia de estudio:

- Desarrollo del currículo oficial.
- Lenguaje claro y sencillo que favorece la comprensión.
- Explicaciones exhaustivas y rigurosas, pero también amenas y asequibles.
- Gran cantidad de fotografías y tablas explicativas.
- Recuadros con información complementaria.
- Argot técnico con los términos más relevantes para facilitar su consulta.
- Actividades propuestas y resueltas.
- Ejemplos reales para ilustrar los contenidos teóricos.
- Actividades finales en todas las unidades.

Este libro cuenta con el **solucionario** de las actividades incluidas en el libro al que puede accederse previo registro, desde la ficha web de este libro en www.paraninfo.es.

Solucionario disponible en
www.paraninfo.es

Contenido

Introducción

La importancia de la modalidad de formación *online* es claramente patente en nuestros días, y esta realidad es motivo más que suficiente para que los/as formadores/as, profesionales comprometidos con el desarrollo educativo, tengamos en cuenta que debemos actualizarnos y formarnos de manera continua para poder utilizar de manera efectiva las herramientas tecnológicas que intervienen en el proceso formativo. Este proceso de actualización no solo se limita a adquirir nuevos conocimientos, sino que también abarca la capacidad de adaptarse a las innovaciones constantes que surgen en el ámbito de la educación digital. De esta manera, es imprescindible para los/as educadores/as mantenerse al día con las últimas tendencias tecnológicas y metodológicas para poder ofrecer una formación de alta calidad.

En este contexto, Moodle se ha convertido en la herramienta por excelencia para la creación y gestión de cursos en modalidad *e-learning,* estableciéndose como un recurso fundamental para la educación a distancia. Este hecho nos lleva a la necesidad imperiosa de conocer a fondo esta plataforma y manejarla de la forma más óptima posible. Moodle no es solo una herramienta, sino una plataforma integral que nos ofrece un amplio abanico de funcionalidades diseñadas para facilitar la tarea educativa en línea. Es, en esencia, un entorno de aprendizaje virtual que proporciona una estructura sólida y flexible para la enseñanza en línea.

Por suerte, Moodle, desde su origen y construcción, fue diseñado con una intención clara: ser una herramienta sencilla, práctica, flexible, versátil y lo suficientemente potente como para permitirnos la creación de cualquier tipo de plataformas de formación en línea. Su diseño intuitivo y su arquitectura modular hacen que los usuarios puedan adaptarlo a sus necesidades específicas y a las demandas de sus cursos. Esto se debe a que Moodle está en constante revisión, crecimiento y evolución, gracias a una comunidad activa que contribuye con aportaciones, sugerencias y explicaciones que facilitan el aprendizaje y el perfeccionamiento continuo de la herramienta. Esta comunidad global de desarrolladores y educadores proporciona un soporte invaluable que enriquece a Moodle y lo mantiene a la vanguardia en el campo del *e-learning*.

Actualmente, Moodle goza de un respaldo institucional y un reconocimiento generalizado como una herramienta válida y efectiva para la formación en *e-learning*. La mayoría de la formación que se ofrece en nuestro país y en muchas otras regiones del mundo se desarrolla a través de esta plataforma, consolidándola como una de las opciones preferidas por las instituciones educativas, empresas y organizaciones que buscan ofrecer una educación de calidad en un entorno virtual. La naturaleza versátil de Moodle, combinada con su firme compromiso con la mejora continua, la han posicionado como una herramienta de referencia para el diseño de cursos en línea y la gestión de experiencias educativas virtuales.

Moodle es una plataforma de gestión del aprendizaje (LMS, por sus siglas en inglés) de código abierto, lo que significa que está disponible para ser modificada y adaptada según las necesidades específicas de cada usuario o institución. Esta característica de código abierto permite una gran libertad en el diseño y la personalización de los cursos, lo que facilita la creación de plataformas de formación en línea adaptadas a diferentes contextos y objetivos educativos. Aprender a manejar Moodle de manera eficiente es fundamental hoy en día, para que los/as formadores/as y tutores/as puedan aprovchar al máximo todas las herramientas y funcionalidades que ofrece la plataforma. Un manejo adecuado de Moodle permite a los/as formadores/as crear experiencias de aprendizaje efectivas, interactivas y adaptadas a las necesidades individuales tanto de los centros de formación como del alumnado en general. La capacidad para desarrollar cursos en línea que sean dinámicos, motivadores y ajustados a las características del grupo de alumnos/as con el que trabajemos es una habilidad esencial en el entorno formativo contemporáneo.

Por lo tanto, el dominio de Moodle no solo facilita el desarrollo de cursos en línea, sino que también enriquece el proceso formativo, promoviendo un aprendizaje más accesible y flexible.

Los/as formadores/as que se dediquen a aprender y perfeccionar sus habilidades en el uso de Moodle estarán mejor preparados/as para enfrentar los retos de la formación en línea y podrán ofrecer una formación de alta calidad que responda a las demandas de la era digital actual.

© Ediciones Paraninfo

1

Diseño, estructura y desarrollo funcional de un curso *e-learning* basado en Moodle

Contenido

1.1. Características del *e-learning*

1.2. Recursos del *e-learning*

1.3. Introducción a Moodle

1.4. Roles y funciones dentro de Moodle

1.5. El curso como unidad de formación en Moodle

1.6. Configuración de la interfaz de usuario para cada curso

1.7. Recursos y posibilidades de Moodle

1.8. Los recursos interactivos en Moodle

1.1. Características del *e-learning*

El *e-learning (electronic learning)*, también llamado teleformación, formación *online* o aprendizaje virtual, es un tipo de formación que emplea la red (Internet) y las tecnologías de la información y la comunicación (TIC), como herramientas esenciales para la comunicación e interacción entre todas las personas participantes en el proceso formativo, el acceso a los contenidos didácticos, y para el desarrollo integral de todas las acciones formativas.

¿Cuáles serían las características distintivas para identificar la formación de tipo online *o e-learning?*

- El aprendizaje se produce a través del ordenador u otro dispositivo electrónico.
- Es necesario el uso de navegadores web para el acceso al contenido.
- A pesar de la distancia espaciotemporal entre formador/a y alumno/a, se mantiene la conexión y la comunicación entre ambas personas.
- Se utilizan diferentes herramientas comunicativas de manera tanto sincrónica como asincrónica.
- Tiene un carácter multimedia.
- Hay un almacenaje, mantenimiento y administración de los materiales sobre un servidor web.
- Se genera la posibilidad de un aprendizaje flexible.
- El aprendizaje está muy apoyado en tutorías.
- Se utilizan materiales digitales.
- Existe una mayor promoción del aprendizaje individualizado en lugar de colaborativo.
- Tiene un eminente carácter interactivo.

La **ventaja principal** de la teleformación radica en la posibilidad de ofrecer experiencias de aprendizaje objetivamente estructuradas, lo que proporciona una flexibilidad sin precedentes al proceso formativo.

Con independencia del momento y ámbito de interacción del alumnado, esta modalidad permite que los/as estudiantes accedan al contenido formativo desde cualquier lugar y en cualquier momento, adaptándose a sus horarios y circunstancias personales. Este acceso flexible y continuo a la formación facilita un aprendizaje más autónomo y personalizado, donde cada alumno/a puede progresar a su propio ritmo y según sus propias necesidades y disponibilidad. Esto significa que, de forma inmediata, es posible acceder a una gran cantidad de información actualizada y estructurada pedagógicamente.

Figura 1.1. *E-learning* accesible.

La estructura pedagógica de los contenidos asegura que la información no solo sea actual, sino también relevante y organizada de manera que facilite su comprensión y asimilación por parte del alumnado. Esta organización cuidadosa de los materiales formativos permite que los/as estudiantes puedan seguir un camino de aprendizaje claro y bien definido, lo que aumenta la eficacia del proceso educativo y mejora los resultados de aprendizaje.

Además, la teleformación ofrece también la ventaja de integrar diversas herramientas y recursos digitales que enriquecen la experiencia educativa. Los/as alumnos/as pueden acceder a videoconferencias, foros de discusión, materiales multimedia, cuestionarios interactivos y otros recursos que hacen que el aprendizaje sea más dinámico y atractivo. Esta variedad de recursos permite abordar los diferentes estilos de aprendizaje de cada persona, favoreciendo una formación más inclusiva y equitativa.

La posibilidad de interactuar con tutores/as y compañeros/as de clase a través de plataformas en línea también contribuye a una mayor integración y cohesión del grupo, a pesar de la distancia física.

> Esta interacción puede ser **sincrónica,** mediante videollamadas y chat en tiempo real, o **asincrónica,** a través de correos electrónicos y foros de discusión, lo que permite una **comunicación fluida y constante entre todas las personas participantes del curso.**

La teleformación también facilita la actualización continua de los contenidos, lo que garantiza que los/as estudiantes siempre tengan acceso a la información más reciente y pertinente. Los formadores pueden adaptar y mejorar los materiales de manera ágil, respondiendo rápidamente a los cambios en el campo de estudio y a las necesidades emergentes del alumnado. Esta capacidad de adaptación es crucial en un mundo en constante cambio, donde la obsolescencia del conocimiento es un desafío constante.

Figura 1.2. Educación *online*.

Y como otras **ventajas** que nos ofrece este modelo de formación tendríamos las siguientes:

- La **variedad de contenidos** que ofrece el *e-learning* es una de los motivos del incremento de su popularidad en los últimos años.

- **Reducción de costes** de capacitación/formación, pues no se producen los desplazamientos al centro de formación ni de formadores/as ni de alumnado. Al igual que el coste de mantenimiento de aulas, equipos informáticos, alquileres, manuales, material fungible, etc., también desaparecen en este caso.

- **Flexibilidad** para adaptar los contenidos: en caso de que sea necesario, los contenidos se pueden modificar con facilidad para su uso en otros contextos. (En el caso de un manual impreso, habría que volver a editarlo).

- Disponibilidad de la capacitación, para **adaptarse** a los tiempos de que disponen las personas participantes, esto además les aporta autonomía y empoderamiento.

- **Carácter global, holístico y accesible.** Se trata de la posibilidad de hacer partícipe a cualquier colectivo como consecuencia de la superación de las barreras espacio-temporales.

- **Carácter universal.** Gracias al uso de Internet, el acceso a la información de cualquier lugar del mundo, en permanente proceso de actualización, no se vuelve exclusivo o limitado por cuestiones espaciales.

- **Seguimiento y evaluación personalizados y permanentes.** Entre los principales cambios y ventajas metodológicas, el/la formador/a dispone de herramientas específicas para observar la evolución de su alumnado, tanto en cuestiones de seguimiento de su trabajo como en el progreso de sus conocimientos.

- **Carácter interactivo.** Las nuevas tecnologías aportan a la formación a distancia la posibilidad de implementar diferentes metodologías educativas: el aprendizaje dialógico o el trabajo cooperativo son algunas de ellas. Gracias al contacto permanente entre los integrantes de la acción formativa, alumnado y docentes colaboran incluso sin llegar a establecer relaciones presenciales.

Al igual que en otros aspectos, en la formación *e-learning*, también podemos encontrar algunas **desventajas**. Principalmente, todas las que podemos encontrar tienen que ver con la faceta de las nuevas tecnologías y su uso y manejo. Por ejemplo:

- La **principal desventaja** que siempre ha presentado la formación a distancia ha sido la sensación de **aislamiento** que pudiera tener el/la alumno/a cuando no hay un trabajo real de tutorización desde la plataforma.

Esto genera un alto porcentaje de abandonos en este tipo de formación y le da un aspecto excesivamente técnico y carente de humanidad. Es necesario comprender que la formación a distancia requiere de un sólido sistema de tutorización y acompañamiento para mitigar este sentimiento de aislamiento. Los/as tutores/as juegan un papel crucial no solo en la facilitación del aprendizaje técnico, sino también en proporcionar apoyo emocional y motivacional a los/as estudiantes. Esta interacción humana no solo mejora la experiencia de aprendizaje, sino que también fomenta un sentido de comunidad y pertenencia en el entorno formativo virtual.

Figura 1.3. Aislamiento tecnológico.

> Hay que reconocer que la formación a distancia puede ser una experiencia solitaria si no se implementan estrategias efectivas de tutorización y soporte.

Los/as estudiantes pueden sentirse desconectados/as y desmotivados/as si no reciben la atención y el acompañamiento necesarios por parte de los/as tutores/as y compañeros/as. La **tutorización efectiva** implica no solo proporcionar orientación académica, sino también estar disponible para responder preguntas, ofrecer retroalimentación constructiva y motivar a los/as estudiantes a alcanzar sus metas educativas.

El aspecto técnico predominante en la formación a distancia puede hacer que los/as estudiantes perciban el proceso formativo como frío y despersonalizado. Es fundamental equilibrar la utilización de tecnología avanzada con un enfoque centrado en el bienestar y el desarrollo integral de los/as estudiantes. Más aún en nuestro tipo de formación, donde no buscamos únicamente un aprendizaje teórico, sino que tratamos de proporcionar una formación integral para la persona adulta.

Los entornos formativos virtuales deben ser diseñados no solo para facilitar el acceso a los recursos educativos, sino también para fomentar la interacción humana y el intercambio de ideas entre todas las personas participantes del curso.

La falta de humanidad en la formación a distancia puede llevar a un aumento en los índices de abandono y a una experiencia de aprendizaje menos satisfactoria para el alumnado. Para tratar de contener esta situación, es crucial que los/as diseñadores/as de cursos y los/as formadores/as implementen prácticas pedagógicas que promuevan un ambiente de aprendizaje colaborativo y solidario. Esto incluye el uso de herramientas de comunicación efectivas, la creación de actividades colaborativas y el establecimiento de canales de apoyo emocional y académico.

■ Si se aborda de manera incorrecta, dando mayor relevancia a la parte tecnológica, o no considerando las características de las personas que acceden a la formación, se desvirtúa el proceso de enseñanza-aprendizaje.

En primer lugar, tenemos que entender que **la tecnología debe ser una herramienta** al servicio de la formación, y **no el centro del proceso formativo**. Cuando se prioriza excesivamente la tecnología, corremos el riesgo de perder de vista los objetivos pedagógicos y las necesidades del alumnado. La formación debe centrarse siempre en el aprendizaje efectivo y significativo de los/as estudiantes, y la tecnología debe ser utilizada de manera estratégica para apoyar este objetivo, no para eclipsarlo.

■ Aunque no se trata de ser grandes especialistas en las nuevas tecnologías, sí que se hace necesario que las personas que se acerquen a la formación *e-learning* tengan una cierta **cultura tecnológica** que les permita desarrollar correctamente su trabajo en las plataformas de formación.

En la era digital actual, la capacidad de manejar herramientas tecnológicas básicas es fundamental para los/as formadores/as y tutores/as que desean ofrecer una experiencia de aprendizaje efectiva en entornos virtuales.

Figura 1.4. Cultura tecnológica.

Hay que destacar que la cultura tecnológica no implica un dominio experto de todas las herramientas tecnológicas disponibles, sino más bien una **comprensión sólida de cómo utilizarlas de manera efectiva en el contexto formativo.**

Los/as formadores/as deben estar familiarizados/as con las plataformas de gestión del aprendizaje como Moodle, así como con herramientas de comunicación digital, recursos multimedia y técnicas de diseño instruccional adaptadas al entorno *online*. Esta familiaridad les permitirá diseñar cursos interactivos y dinámicos que promue van un aprendizaje significativo y motivador para los/as estudiantes.

Esto, también implica la capacidad de adaptarse a los cambios y actualizaciones tecnológicas constantes que caracterizan el campo de la formación *e-learning*. Los/as formadores/as deben estar dispuestos a explorar nuevas herramientas y metodologías digitales, así como a participar en actividades de desarrollo profesional que fortalezcan sus habilidades tecnológicas y pedagógicas. La formación continua en tecnología educativa es esencial para mantenerse al día con las últimas tendencias y prácticas en el campo educativo digital.

Figura 1.5. Actualización docente.

Debemos entender que la cultura tecnológica no solo beneficia a los/as formadores/as, sino que también mejora la experiencia de aprendizaje de los/as estudiantes Cuando los formadores están cómodos y competentes en el uso de herramientas tecnológicas, pueden ofrecer un apoyo efectivo y personalizado a los/as estudiantes, facilitando la navegación por las plataformas de formación y proporcionando retroalimentación constructiva de manera oportuna. Esto contribuye a un ambiente de aprendizaje colaborativo y enriquecedor donde los/as estudiantes pueden desarrollar habilidades digitales y académicas de manera simultánea.

Quienes trabajemos en la formación o tutorización *e-learning* debemos tener una cultura tecnológica un poco más avanzada para saber cómo manejar, editar y crear los espacios apropiados dentro de cada plataforma.

La formación basada en *e-learning* se apoya generalmente en el uso de una aplicación web llamada «plataforma virtual de aprendizaje» para entregar los contenidos a las personas participantes. A través de equipos informáticos y/o dispositivos móviles, los/as participantes ingresan a esta plataforma para visualizar los contenidos y completar las actividades previamente diseñadas y preparadas por los centros formativos.

Figura 1.6. Actualizarnos.

> Estas plataformas ofrecen una experiencia educativa flexible y accesible, permitiendo a los/as estudiantes, aprender desde cualquier lugar y en cualquier momento, adaptándose a sus horarios y circunstancias individuales.

Previamente a que se pongan a disposición de los/as participantes, las plataformas *e-learning* deben ser diseñadas adecuadamente mediante un proceso de **diseño instruccional**. Este proceso asegura que las plataformas sean de uso sencillo, relevantes, útiles e impacten positivamente en el aprendizaje de las personas que realizan dicha formación.

El diseño instruccional no solo se centra en la estructura y navegación de la plataforma, sino también en la creación de contenidos formativos efectivos y en la implementación de estrategias pedagógicas que fomenten un aprendizaje activo y significativo.

Figura 1.7. Plataforma *e-learning.*

El diseño instruccional implica la identificación de los objetivos de aprendizaje y la planificación de actividades que ayuden a los/as participantes a alcanzar esos objetivos de manera efectiva. Esto incluye la selección y organización de contenidos relevantes, el desarrollo de actividades interactivas y la integración de herramientas tecnológicas que enriquezcan la experiencia educativa. La estructura clara y coherente de la plataforma facilita la navegación intuitiva y asegura que los/as participantes puedan acceder fácilmente a los recursos y actividades necesarios para su aprendizaje.

Además, el diseño instruccional también considera la diversidad de los/as estudiantes y sus estilos de aprendizaje, asegurando que las estrategias formativas sean inclusivas y se adapten a las necesidades individuales. Esto puede incluir la personalización de contenidos, la integración de múltiples modalidades de aprendizaje (como texto, audio y vídeo), y la creación de oportunidades para la colaboración y la interacción social dentro de la plataforma. Estas prácticas no solo mejoran la participación y el compromiso de los/as estudiantes, sino que también promueven un ambiente de aprendizaje colaborativo y enriquecedor.

> *¿Qué se requiere para hacer una formación e-learning?*
>
> Un proyecto *e-learning* comprende varios aspectos, entre ellos destacan la plataforma virtual de aprendizaje y el desarrollo de cursos *e-learning*, elementos indispensables cuando abordamos la formación *online*.

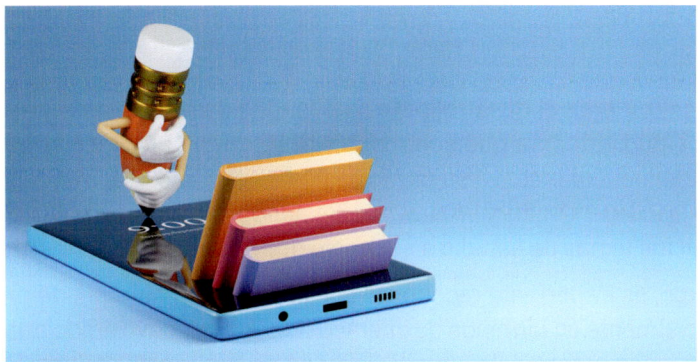

Figura 1.8. Recursos *online*.

Modalidades de formación en la variante e-learning:

En últimos años el *e-learning* se ha diversificado, de forma que atendiendo a los **canales de distribución** podemos diferenciar entre:

- **E-learning** puro, es decir, totalmente sobre Internet. Representa lo que conocemos como formación *online* pura, y está estrechamente relacionada con la formación a distancia que se realizaba hace unos años. Esta modalidad se caracteriza por su naturaleza individualista, donde los/as participantes acceden a los contenidos formativos y completan las actividades de aprendizaje de manera autónoma y a través de plataformas virtuales.

El *e-learning* puro se distingue por su accesibilidad y flexibilidad, permitiendo a los/as estudiantes gestionar su propio tiempo y ritmo de aprendizaje. A través de Internet, los/as participantes pueden acceder a recursos formativos actualizados y completar tareas desde cualquier ubicación geográfica, eliminando las barreras tradicionales de tiempo y espacio asociadas con la educación presencial. Esta autonomía facilita un aprendizaje personalizado y adaptado a las necesidades individuales de cada estudiante.

Figura 1.9. Modalidad *online*.

También se fomenta el desarrollo de habilidades de autogestión y autorregulación en los/as estudiantes, ya que son responsables de su progreso educativo y deben gestionar de manera efectiva su participación en el curso. El *e-learning* puro también promueve la independencia y la iniciativa, alentando a los participantes a explorar y profundizar en los temas de estudio a su propio ritmo y según sus intereses particulares.

Sin embargo, es importante reconocer que el *e-learning* puro puede presentar desafíos, especialmente en términos de interacción social y apoyo emocional. La ausencia de interacciones presenciales puede llevar a una experiencia educativa menos enriquecedora en términos de colaboración y comunicación interpersonal. Para evitar este aspecto individualista, es fundamental integrar herramientas y estrategias que fomenten la interacción virtual entre estudiantes y formadores/as-tutores/as, como foros de discusión, sesiones de videoconferencia y actividades colaborativas en línea.

- **B-learning** (*blended learning*), o formación mixta, que está basado en Internet, pero sin dejar de lado la formación presencial. Aquí se combinan elementos de formación presencial y *online*, lo cual lo convierte en uno de los esquemas más demandados, especialmente en la Formación Profesional para el Empleo y los certificados de profesionalidad.

Figura 1.10. *Blended learning.*

En esta modalidad, los/as participantes tienen la oportunidad de completar módulos formativos tanto en modalidad presencial como en modalidad *online*, integrando lo mejor de ambos enfoques educativos.

El *b-Learning* se caracteriza por su flexibilidad y adaptabilidad, permitiendo a los/as estudiantes beneficiarse de la interacción cara a cara con formadores/as y compañeros/as en sesiones presenciales, así como de la conveniencia y accesibilidad de los recursos *online*. Esta combinación ofrece una experiencia de aprendizaje integral que potencia tanto las habilidades prácticas adquiridas en entornos presenciales como el desarrollo de competencias digitales y autónomas necesarias para la educación en línea.

En esta modalidad, se promueve un aprendizaje activo y participativo al fomentar la colaboración entre los/as estudiantes y la aplicación práctica de los conocimientos teóricos adquiridos en línea. Los módulos presenciales permiten discusiones en grupo, simulaciones prácticas y actividades que enriquecen el proceso de aprendizaje, mientras que los módulos *online* ofrecen flexibilidad para revisar y profundizar en el contenido a través de plataformas digitales interactivas.

Hay que destacar que el éxito del *b-Learning* radica en el diseño cuidadoso del currículo y en la integración efectiva de ambas modalidades de enseñanza. Los/as formadores/as deben coordinar de manera coherente las actividades presenciales y *online*, asegurando una transición fluida entre ambos entornos y maximizando el impacto educativo de cada modalidad. Esto implica utilizar tecnología formativa avanzada, proporcionar orientación y soporte continuo a los/as estudiantes, y evaluar de manera equitativa el progreso y los resultados alcanzados en ambas modalidades.

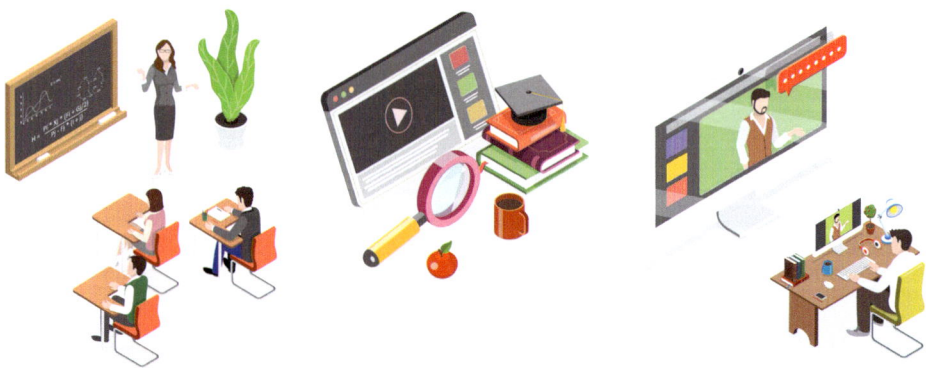

Figura 1.11. *B-learning.*

■ *M-learning*, o aprendizaje móvil, es una modalidad formativa que hace un uso más intensivo de los dispositivos móviles. En los últimos años, sobre todo desde 2020, se ha consolidado como una de las formas más novedosas de adquirir conocimientos y habilidades. La adaptación tecnológica de las plataformas de formación ha sido fundamental para que hoy en día sea posible realizar un curso completo a través del teléfono móvil, siempre y cuando dispongamos de un dispositivo con conexión a Internet.

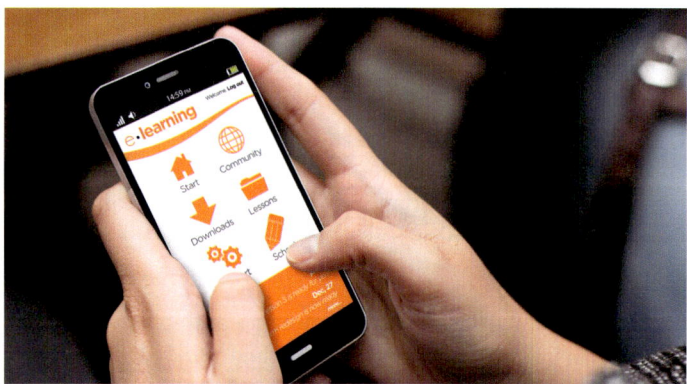

Figura 1.12. *M-learning.*

Esta modalidad formativa ha evolucionado para satisfacer las demandas de una sociedad cada vez más conectada y en movimiento. La flexibilidad del *m-learning* permite a los/as alumnos/as formarse en cualquier momento y desde cualquier lugar, haciendo que el aprendizaje sea una actividad continua y accesible.

Las plataformas de formación han mejorado su diseño y funcionalidad para ser completamente compatibles con dispositivos móviles, optimizando la experiencia del alumnado. Esto incluye desde aplicaciones móviles dedicadas a la formación hasta sitios web responsivos que se adaptan perfectamente a la pantalla de un *smartphone* o una *tablet*. Además, la integración de notificaciones y recordatorios facilita que los/as estudiantes se mantengan al día con su progreso formativo, sin importar su ubicación.

La búsqueda de esta modalidad por parte de las personas que la utilizan está basada en dar una validez absoluta al concepto que define la formación en línea: la posibilidad de formarse en cualquier momento y desde cualquier lugar. Esta accesibilidad rompe barreras geográficas y temporales, permitiendo a las personas gestionar su tiempo de forma más eficiente y personalizar su proceso de formación de acuerdo a sus necesidades y circunstancias.

■ *Microlearning*. Esta modalidad formativa es la que más se está imponiendo en los últimos tiempos. La tendencia social actual que promueve la capacidad de ser multitarea en cualquier ámbito de la vida hace que la inmediatez y el no tener que invertir demasiado tiempo en realizar determinadas tareas nos hagan buscar este tipo de formación en muchos casos. Esta corriente implica aprovechar al máximo el tiempo disponible, realizando la mayor cantidad de actividades posibles de manera eficiente.

> *Ser multitarea no siempre es ni productivo, ni eficiente, ni produce un aprendizaje real y/o válido para las personas. Por lo tanto, es importante que traslademos esta información a nuestro alumnado. Cuidado con esto.*

Figura 1.13. *Microlearning.*

El *microlearning* se centra en ofrecer formación reducida en su duración, a menudo denominada «píldoras informativas». Estas píldoras son fragmentos de contenido concisos y específicos que permiten al alumnado adquirir conocimientos rápidamente y de manera focalizada. Además, esta modalidad formativa ha encontrado un gran apoyo en los *webinars* y en talleres especializados de corta duración, diseñados para ser accesibles y manejables para cualquier persona, eliminando la excusa de «no tener tiempo» para formarse.

La eficacia del *microlearning* radica en su capacidad para adaptarse a las necesidades y limitaciones de tiempo del alumnado, facilitando el aprendizaje en intervalos breves que pueden integrarse fácilmente en la rutina diaria.

A priori, estas sesiones formativas breves y directas, permiten una mayor retención de la información, ya que se enfocan en un solo tema o habilidad a la vez, evitando la sobrecarga cognitiva. No obstante, si no se llevan a cabo las prácticas habituales que la persona utiliza para realizar un aprendizaje, este no se producirá por inspiración divina. Ver un vídeo o varios de corta duración sin prestarles atención y sin poner en marcha los procesos intelectuales que se producen en la persona cuando está aprendiendo o estudiando algo no hace que lo integremos en nuestro conocimiento. Por tanto, es importante entender que el *microlearning* es una modalidad de estudio, pero no hace magia en nuestro cerebro.

El *microlearning* se relaciona directamente con los denominados NOOC (*Nano Open Online Courses*), que son minicursos que no requieren seguimiento ni tutorización. Básicamente, porque la cantidad ingente de personas que acceden a ellos impide realizar un seguimiento real sobre los mismos. Además de la corta duración que tienen, no nos permiten llegar a establecer ningún tipo de relación comunicativa con ese alumnado.

Figura 1.14. Cursos *microlearning*.

Aunque estos cursos carecen de validez y control formal en cuanto al aprendizaje, su formato flexible y accesible los hace atractivos para quienes buscan adquirir conocimientos específicos de manera rápida y sin compromisos a largo plazo.

En la década pasada, del 2010 al 2020, la modalidad imperante fue la *online*. Aunque, tras la pandemia, se reconoce que no necesariamente funciona en todos los casos y últimamente se ha ido derivando más hacia el *b-learning* y el *microlearning*.

Figura 1.15. Formación mixta.

1.2. Recursos del *e-learning*

Si hoy en día entendemos la formación en línea como aquella que se reproduce dentro del ámbito de Internet, los recursos que tendremos a nuestra disposición serán aquellos recursos informáticos creados para ayudar en el proceso de enseñanza-aprendizaje, facilitando la atención y el entendimiento de contenidos y actividades de manera dinámica e interactiva.

> Debemos comprender que un **recurso educativo** y un **recurso de *e-learning*** pueden ser **esencialmente la misma herramienta.**

La diferencia radica en cómo adaptamos estos recursos según la modalidad de formación, ya sea presencial o en línea. Y la clave está en la flexibilidad y la capacidad de estos recursos para ser efectivos en distintos entornos formativos.

Por ejemplo, una pizarra de rotulador en un aula física puede transformarse en una pizarra digital en una plataforma de formación en línea. Esta adaptación permite mantener la interactividad y la claridad en la presentación de contenidos, esenciales para un aprendizaje efectivo. La pizarra digital, además, ofrece ventajas adicionales como la posibilidad de guardar y compartir las anotaciones, facilitando el acceso continuo a la información.

Los recursos informáticos en la formación en línea abarcan una amplia gama de herramientas y materiales, desde vídeos y presentaciones interactivas hasta foros de discusión y simulaciones virtuales. Estos recursos están diseñados para captar la atención del alumnado y promover una participación activa en el proceso formativo. La interactividad y la dinámica de estos materiales permiten un aprendizaje más profundo y significativo, adaptado a las necesidades individuales de cada estudiante.

Además, la formación en línea aprovecha tecnologías como las plataformas de gestión del aprendizaje (LMS) que integran diversos recursos y actividades en un mismo entorno accesible. Estas plataformas facilitan la organización y el seguimiento del progreso del alumnado, ofreciendo herramientas de evaluación y retroalimentación que enriquecen el proceso de aprendizaje.

Al diseñar y seleccionar recursos para la formación en línea, tenemos que considerar cómo estos se alinean con los objetivos formativos y cómo pueden ser utilizados para fomentar una experiencia de aprendizaje enriquecedora. La adaptabilidad de los recursos educativos a diferentes modalidades formativas no solo garantiza su efectividad, sino que también permite una continuidad en el aprendizaje, sin importar el entorno en el que se desarrolle.

Figura 1.16. PDI.

1.3. Introducción a Moodle

En 1999, el educador e informático australiano Martin Dougiamas comenzó a desarrollar **Moodle** como una herramienta de código abierto (*opensource*).

Este enfoque ha permitido su implementación y mejora a lo largo del mundo, configurándose una amplia red de usuarios/as y desarrolladores/as a su alrededor. La naturaleza de código abierto de Moodle ha facilitado una colaboración global que enriquece y expande continuamente sus funcionalidades.

Figura 1.17. Icono de Moodle.

La plataforma se basa en los principios pedagógicos del constructivismo social, lo que implica proporcionar al alumnado las herramientas necesarias para que sean capaces de construir su propio conocimiento. Este conocimiento se fundamenta en las experiencias que el alumnado obtiene utilizando los recursos disponibles en su entorno. En el constructivismo social, el aprendizaje es un proceso activo y colaborativo, donde la interacción y el intercambio de ideas, juegan un papel importante.

Además, el constructivismo social incorpora cinco principios didácticos muy interesantes y relevantes para conseguir un aprendizaje significativo en cualquier persona:

- **El aprendizaje cooperativo**: fomenta la colaboración entre estudiantes, permitiendo que aprendan unos de otros y desarrollen habilidades sociales y comunicativas.

- **La enseñanza explícita**: implica proporcionar instrucciones claras y directas, asegurando que el alumnado comprenda los objetivos y los métodos de aprendizaje.

- **La activación de los conocimientos previos**: se centra en conectar la nueva información con lo que el alumnado ya sabe, facilitando la comprensión y la retención.

- **Las estrategias de metacognición**: promueven la reflexión sobre el propio proceso de aprendizaje, ayudando al alumnado a convertirse en aprendices más conscientes y autónomos.

- **El modelaje cognitivo**: los/as docentes demuestran explícitamente los procesos de pensamiento y resolución de problemas, sirviendo como ejemplos para que el alumnado los siga.

En agosto de 2002, se lanzó Moodle 1.0, una plataforma o entorno virtual de aprendizaje (EVA) de código abierto con licencia GNU (*software* libre). Moodle se desarrolla y actualiza constantemente gracias al trabajo de la comunidad de desarrolladores/as de Moodle, lo cual asegura que siempre tengamos acceso a la última versión y las últimas actualizaciones disponibles. Esta comunidad activa garantiza que Moodle evolucione continuamente, incorporando nuevas características y mejorando la funcionalidad existente.

El uso masivo de la plataforma Moodle se ha producido en los últimos años debido a la alta demanda de un sistema operativo que fuera fácil de aprender a utilizar, que ofreciera una amplia gama de recursos educativos y que, al mismo tiempo, fuera útil y práctico tanto para el alumnado como para docentes y diseñadores/as. La flexibilidad y la robustez de Moodle lo han convertido en una herramienta invaluable en el ámbito formativo, permitiendo una personalización que se adapta a las necesidades específicas de diferentes contextos educativos.

El principal motivo de esta «revolución Moodle» también está basado en los efectos colaterales provocados por la pandemia de 2020. La necesidad urgente de trasladar la formación al ámbito en línea impulsó a muchas instituciones educativas a adoptar Moodle como su plataforma principal de enseñanza. La pandemia aceleró la digitalización de la formación, y Moodle, con su accesibilidad y su capacidad de ofrecer una experiencia de aprendizaje completa y enriquecedora, se posicionó como una solución ideal para esta transición abrupta y necesaria.

Ahora mismo, la versión sobre la que se trabaja en Moodle es la 4.1. La próxima versión LTS (*Long-Term Support*) será Moodle 4.5, programada para lanzarse en octubre de 2024. Este ciclo de desarrollo indica que Moodle no se rige por estándares económicos apresurados, sino que se enfoca en un desarrollo apropiado y adecuado a los tiempos, a la sociedad y a la demanda formativa tanto de formadores/as como de alumnado.

La palabra **MOODLE** es un acrónimo de **Modular ObjectOriented Dynamic Learning Environment** (Entorno de Aprendizaje Dinámico Orientado a Objetos y Modular). Este diseño modular es una de las características más destacadas de Moodle, ya que permite a los/as docentes agregar contenidos y elementos de interacción variada con relativa facilidad.

La modularidad de Moodle facilita la creación de cursos personalizados que pueden adaptarse a las necesidades específicas de cada grupo de alumnado, permitiendo una mayor flexibilidad y diversidad en los métodos de enseñanza.

Figura 1.18. Moodle.

Una de las características distintivas de Moodle es su entorno gráfico básico, que es sencillo y fácil de aprender a utilizar. Este diseño intuitivo es especialmente beneficioso para aquellas personas que se acercan por primera vez a una plataforma de formación en línea. La simplicidad del entorno gráfico no solo reduce la curva de aprendizaje para nuevos usuarios, sino que también asegura que el enfoque principal permanezca en el contenido formativo y no en la navegación por la plataforma.

Además, Moodle ofrece una amplia gama de funcionalidades que enriquecen la experiencia formativa. Entre estas se incluyen foros de discusión, cuestionarios, encuestas, wikis y actividades colaborativas que fomentan la participación activa del alumnado. La posibilidad de integrar múltiples tipos de recursos y actividades interactivas facilita un aprendizaje más dinámico y comprometido.

Figura 1.19. Comunidad Moodle.

El desarrollo continuo de Moodle, impulsado por su comunidad global de desarrolladores/as y usuarios/as, asegura que la plataforma se mantenga actualizada con las últimas tendencias y necesidades en el ámbito de la formación. Esta comunidad activa contribuye constantemente con nuevas ideas, mejoras y soluciones que se incorporan a cada versión, haciendo de Moodle una herramienta en constante evolución y mejora.

La flexibilidad y accesibilidad de Moodle han hecho que se convierta en una de las opciones preferidas para numerosas instituciones educativas alrededor del mundo. Su capacidad para adaptarse a diferentes contextos y necesidades formativas, junto con su facilidad de uso y robustez, lo posicionan como una plataforma ideal para la formación en línea.

1.4. Roles y funciones dentro de Moodle

Moodle es un EVA que adapta su diseño y privilegios de acceso en función de los diferentes roles o perfiles de usuario/a.

Los/as usuarios/as en Moodle pueden ser:

- Administrador/gestor
- Tutor/a con permisos de edición
- Profesor/a tutor/a
- Estudiante

Cada uno de estos perfiles de usuario tiene una serie de funciones dentro de la plataforma. Veamos cuáles son:

El **administrador** de un entorno virtual de aprendizaje (EVA) es la persona encargada de la gestión administrativa de los cursos y de la configuración y mantenimiento del entorno, en este caso, del entorno Moodle.

Su papel es crucial para garantizar el buen funcionamiento de la plataforma y para proporcionar una experiencia formativa fluida y efectiva tanto para el alumnado como para los/as docentes.

Las funciones principales del rol de administrador en el entorno Moodle son las siguientes:

- **Configuración y mantenimiento del Moodle**:
  - El rol de administrador es responsable de la configuración inicial y continua del entorno Moodle, asegurándose de que todos los aspectos de la plataforma estén optimizados para su uso.
  - La administración de los módulos incluye la instalación, actualización y configuración de *plugins* y módulos adicionales que mejoren las capacidades de Moodle.
  - Es fundamental mantener la plataforma actualizada con las nuevas versiones lanzadas por la comunidad de desarrolladores de Moodle. Esto incluye aplicar parches de seguridad y mejoras funcionales que aseguren la estabilidad y seguridad del entorno.

- **Gestión de los usuarios**:
  - Dar de alta a los/as usuarios/as: el rol de administrador crea nuevas cuentas de usuario/a y gestiona las inscripciones en la plataforma.
  - Autentificación de los/as usuarios/as: asegura que los procesos de autenticación sean seguros y efectivos, garantizando que solo los/as usuarios/as autorizados tengan acceso al EVA.
  - Asignación de los perfiles a cada uno de los/as usuarios/as (profesor/a, tutor/a, alumno/a): el rol de administrador asigna los roles y permisos adecuados a cada usuario/a, determinando sus capacidades y accesos dentro de la plataforma. Esto incluye la diferenciación entre los perfiles de docentes, tutores/as y alumnado.

- **Gestión de los cursos**:
  - Creación de nuevos cursos: el rol de administrador configura y organiza nuevos cursos en la plataforma, estableciendo la estructura del curso y los recursos necesarios.
  - Mantenimiento de los cursos: asegura que los cursos existentes se mantengan actualizados y funcionen correctamente. Esto incluye la revisión y actualización de contenidos, así como la resolución de problemas técnicos que puedan surgir.

Figura 1.20. Roles en Moodle.

Además de estas funciones básicas, el rol de administrador de Moodle también desempeña otros roles críticos, como la gestión de respaldos y la recuperación de datos, la supervisión del rendimiento del sistema y la asistencia técnica a los/as usuarios/as. Estos roles son esenciales para mantener la plataforma operativa y accesible en todo momento.

El rol de administrador debe estar en constante comunicación con los/as docentes y el alumnado para comprender sus necesidades y adaptar la plataforma en consecuencia. Esta interacción asegura que Moodle se utilice de manera óptima para facilitar el proceso de enseñanzaaprendizaje.

Figura 1.21. Gestión de Moodle.

Tutor/a con permiso de edición. El profesorado es responsable del desarrollo de los cursos. En algunas empresas formativas, existe un servicio pedagógico y multidisciplinar encargado de asesorar al profesorado en cuanto a estrategias de aprendizaje y metodologías didácticas.

Antes de comenzar a desarrollar o tutorizar un curso en un determinado entorno virtual de aprendizaje (EVA), es fundamental conocer en profundidad las posibilidades y limitaciones de la plataforma. Esto implica realizar un análisis exhaustivo de las herramientas que posee, tanto a nivel de:

- Gestión y administración.
- Comunicación.
- Desarrollo de contenidos.
- Desarrollo de materiales interactivos.
- Colaboración.
- Evaluación y seguimiento.
- Personalización.

En un EVA podemos distinguir dos tipos de profesorado: el/la profesor/a con permiso de edición se ocupa del diseño del curso, además del seguimiento del alumnado. Su papel es fundamental dado que en estos entornos debe cuidarse especialmente:

- La calidad del diseño instruccional de los materiales y actividades propuestos.
- La adecuación y relevancia de los contenidos.
- La idoneidad de las actividades o tareas.

Figura 1.22. Formación con Moodle.

Sus **funciones** principales en el entorno Moodle son:

- En el diseño del curso:
  - Es la persona encargada de configurar el formato del curso.
  - Diseñar los materiales, los recursos y las actividades que se han de realizar durante el curso.
  - Decidir las fechas de entrega de las actividades por parte del alumnado.
  - Establecer el sistema de evaluación.

- En el seguimiento y tutorización:
  - Asignación de los/as profesores/as tutores/as.
  - Coordinar la labor de los/as profesores/as tutores/as, así como prestarles apoyo durante el curso.
  - Formación de grupos de alumnado y asignación del tutor/a.
  - Altas y bajas del alumnado en el curso.
  - Seguimiento y tutorización del alumnado del curso.

Figura 1.23. Plataforma Moodle.

El/la profesor/a con permiso de edición **debe tener un conocimiento profundo de las herramientas y funcionalidades de Moodle.**

Esto incluye la capacidad para personalizar el entorno de aprendizaje según las necesidades específicas del curso y del alumnado. El diseño de un curso en Moodle no solo implica la creación de contenidos, sino también la implementación de estrategias pedagógicas que fomenten un aprendizaje significativo y colaborativo.

El/la profesor/a con permiso de edición también debe coordinarse con otros/as tutores/as y personal educativo para asegurar que todas las áreas del curso se gestionen de manera efectiva. Esto incluye la supervisión de la carga de trabajo del alumnado, la gestión de las interacciones en foros y otras herramientas de comunicación, y la evaluación continua del progreso del alumnado.

Figura 1.24. Organizar Moodle.

El/la profesor/a tutor/a, que desarrolla un seguimiento y evaluación del alumnado, desempeña un papel fundamental en la formación en línea. Es, en cierto modo, un/a profesor/a que refuerza al/a la profesor/a o profesores/as anteriores en su labor de seguimiento del curso.

Este rol complementa y apoya el trabajo del profesorado principal, asegurando una experiencia formativa completa y efectiva para el alumnado.

Entre sus **funciones** se pueden señalar las siguientes:

- **Conocer al alumnado**: el/la profesor/a tutor/a debe familiarizarse con los aspectos personales del alumnado, así como con sus conocimientos previos y su nivel de los medios tecnológicos. Esto se puede realizar a partir de la ficha que el alumnado rellena cuando se inscribe en el curso. Esta información es fundamental para adaptar el seguimiento y la orientación a las necesidades individuales de cada estudiante.

- **Motivar al alumnado**: es fundamental que el/la tutor/a fomente la participación activa del alumnado en el curso. La motivación puede lograrse a través de diversas estrategias, como el reconocimiento de logros, la creación de un ambiente de aprendizaje positivo y el establecimiento de metas claras y alcanzables.

© Ediciones Paraninfo

- **Iniciativa con el alumnado inactivo**: el/la tutor/a debe tomar la iniciativa con aquellos/as estudiantes que no mantienen contacto desde hace algún tiempo, enviándoles correos electrónicos de seguimiento. Este contacto proactivo es esencial para asegurar que el alumnado no se desvincule del curso y para ofrecer apoyo adicional si es necesario.

- **Responder a las dudas del alumnado**: el/la tutor/a debe estar disponible para responder rápidamente y de forma eficaz a todas las dudas que el alumnado plantee durante el curso. Una comunicación abierta y efectiva es clave para resolver problemas y mantener la motivación del alumnado.

- **Seguimiento del alumnado**: es crucial que el/la tutor/a realice un seguimiento constante del progreso del alumnado en las distintas actividades que realicen. Esto incluye la prestación de materiales de apoyo si es necesario, asegurando que el alumnado tenga todos los recursos necesarios para alcanzar los objetivos del curso.

- **Corrección y devolución de ejercicios**: el/la tutor/a es responsable de corregir y devolver al alumnado los ejercicios propuestos. Este proceso debe ser realizado de manera constructiva, ofreciendo retroalimentación detallada que ayude al alumnado a mejorar y a comprender mejor los contenidos del curso.

El/la profesor/a tutor/a debe tener habilidades interpersonales y de comunicación para construir relaciones de confianza con el alumnado. Su capacidad para empatizar y comprender las necesidades individuales de cada estudiante es crucial para proporcionar un apoyo efectivo. Además, debe estar bien preparado/a en los contenidos del curso y en las herramientas tecnológicas utilizadas, para poder ofrecer una orientación completa y precisa.

Figura 1.25. Tutoría *online*.

Los/las alumnos/as son los/las participantes a los/as cuales van dirigidos los cursos. En este tipo de aprendizaje, la participación activa del alumnado es fundamental, ya que existe una cierta autonomía en el proceso de aprendizaje, facilitada por el propio entorno virtual.

Para realizar con éxito un curso en línea, es necesario que el alumnado sea suficientemente autónomo en sus aprendizajes, responsable y organizado. Además, resulta totalmente imprescindible el nivel de motivación de cada estudiante.

Entre las **funciones** y actividades que el alumnado debe llevar a cabo se encuentran:

- **Participación activa en el curso**: esto incluye realizar las actividades asignadas, participar en los foros de la plataforma, asistir a las tutorías programadas, participar en chats y/o videoconferencias, y enviar correos electrónicos cuando sea necesario, entre otras actividades interactivas.

- **Colaboración en actividades grupales**: es importante que los/as estudiantes colaboren tanto con el/la profesor/a responsable como con el/la tutor/a en todas las actividades de grupo. La colaboración efectiva mejora el aprendizaje colectivo y fortalece las habilidades de trabajo en equipo.

- **Entrega de actividades evaluables**: el alumnado debe enviar las actividades evaluables dentro de los plazos establecidos. Cumplir con las fechas de entrega contribuye al desarrollo del curso de manera ordenada y efectiva.

Figura 1.26. Utilizando Moodle.

El éxito del aprendizaje en un entorno virtual de aprendizaje depende en gran medida de la disposición y compromiso del alumnado para participar activamente y cumplir con las expectativas del curso. La autonomía, responsabilidad, organización y motivación son cualidades clave que permiten a los/as estudiantes aprovechar al máximo las oportunidades educativas que ofrece el entorno en línea.

Además de completar las tareas asignadas, es esencial que los/as alumnos/as se involucren en la comunidad educativa, aprovechando al máximo las oportunidades de interacción y aprendizaje colaborativo que ofrecen las herramientas del entorno virtual.

Figura 1.27. Estudio *online*.

1.5. El curso como unidad de formación en Moodle

Un curso en Moodle representa un entorno virtual altamente adaptable y dinámico, diseñado específicamente para facilitar el aprendizaje efectivo de los/as estudiantes bajo la guía experta del tutor/a.

Esta plataforma permite una integración fluida de una amplia gama de recursos y actividades educativas, desde simples documentos descargables hasta complejas secuencias de interacciones que promueven un aprendizaje activo y significativo.

La estructura del curso se organiza en secciones centrales que albergan actividades clave, complementadas opcionalmente con bloques configurables que enriquecen y organizan el contenido.

El diseño de la página del curso es completamente personalizable por el/la tutor/a, lo que le otorga la flexibilidad necesaria para adaptar el entorno de aprendizaje según las necesidades específicas del grupo y las metodologías pedagógicas más efectivas. Este control sobre el diseño permite ajustes continuos para optimizar la experiencia de aprendizaje a lo largo del tiempo.

En cuanto a la matriculación de los/as estudiantes, hay varias modalidades disponibles: el/la tutor/a puede realizar inscripciones manuales para garantizar la cohesión del grupo desde el inicio, el/la administrador/a puede automatizar el proceso según las políticas institucionales, o los/as estudiantes pueden inscribirse de manera autónoma, aunque esta última opción es menos común en la práctica educativa.

Figura 1.28. Cursos Moodle.

Moodle se distingue por su capacidad para gestionar eficientemente múltiples materias, contenidos y asignaturas dentro de un entorno integrado y accesible. Los/as docentes pueden aprovechar la plataforma para cargar y organizar una variedad de recursos educativos, incluyendo apuntes, vídeos, imágenes y otros contenidos multimedia. Además, Moodle facilita la evaluación continua y sistemática de los/as estudiantes a través de herramientas como la asignación de tareas, cuestionarios y exámenes en línea, permitiendo una retroalimentación personalizada y constructiva.

Las funcionalidades avanzadas de Moodle incluyen la interacción en tiempo real entre estudiantes y docentes mediante foros de discusión, chats y videoconferencias. Estas herramientas promueven un aprendizaje colaborativo y participativo, esencial para el desarrollo de habilidades sociales y académicas en un entorno digital. Además, Moodle ofrece herramientas de seguimiento detallado del progreso individual y grupal, facilitando una gestión efectiva del aprendizaje y asegurando una experiencia educativa enriquecedora y personalizada para cada estudiante.

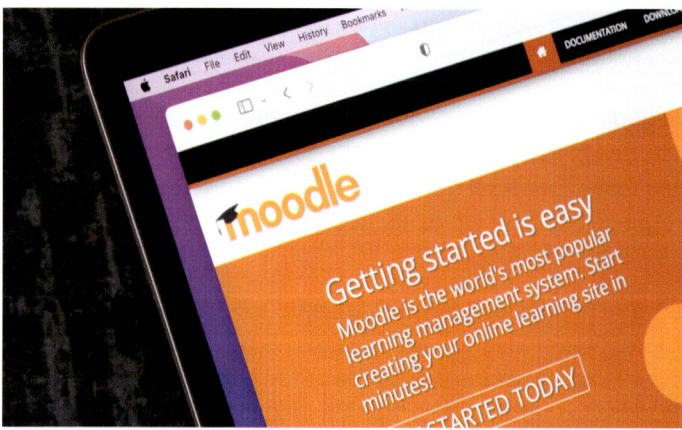

Figura 1.29. Acceso a Moodle.

1.6. Configuración de la interfaz de usuario para cada curso

> **¿Qué es una interfaz?**
>
> Una interfaz se utiliza en informática para nombrar la conexión funcional entre dos sistemas, programas, dispositivos o componentes de cualquier tipo, que proporciona una comunicación de distintos niveles, permitiendo el intercambio de información.

La interfaz de usuario/a de cualquier aplicación o programa **es el conjunto de elementos visibles e interactivos con los que cada usuario/a puede interactuar**.

En el contexto de Moodle, esta interfaz se presenta como la estructura organizativa que facilita la navegación y la interacción dentro de los cursos virtuales.

Para ejemplificarlo, consideremos cómo cada persona personaliza la visualización y la interacción en la pantalla de su teléfono móvil, adaptando *widgets*, accesos directos y configuraciones según sus preferencias individuales. Pues en Moodle, podemos adaptar esa visualización y cada uno de los elementos que lo componen.

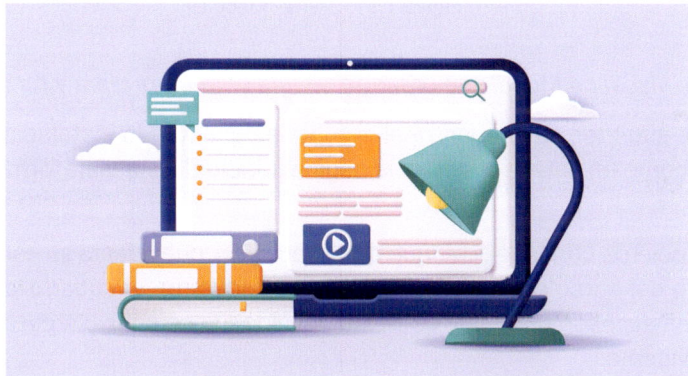

Figura 1.30. Interfaz plataforma *online*.

Un curso en Moodle está diseñado con diversas secciones que componen su interfaz de acceso general:

- **Sección informativa:** proporciona información general sobre el curso, como objetivos, descripción y cualquier detalle relevante para los/as estudiantes.

- **Sección formativa:** aquí se encuentran los materiales y recursos educativos necesarios para el aprendizaje, como documentos, vídeos, enlaces y otros recursos multimedia que apoyan el proceso educativo.

- **Sección experimental:** incluye actividades interactivas diseñadas para promover la aplicación práctica de los conocimientos adquiridos, como cuestionarios, debates, tareas y simulaciones.

- **Sección comunicativa:** facilita la interacción entre estudiantes y docentes a través de foros de discusión, chats en tiempo real, videoconferencias y herramientas de mensajería integradas en la plataforma.

Figura 1.31. Interfaz Moodle.

La disposición visual de Moodle se organiza en una estructura clara y funcional:

- En la parte superior, se encuentra el nombre asignado a la instalación de Moodle, actuando como un enlace directo a la página principal de la plataforma al hacer clic en él.

- La barra izquierda contiene el bloque de Navegación, que adapta su contenido según el contexto del curso específico en el que se encuentre el usuario/a. Este bloque proporciona accesos rápidos y contextuales a las secciones y recursos relevantes del curso vigente.

- La columna central presenta la Vista general del curso, usualmente dispuesta en bloques desplegables que ofrecen información detallada y específica relacionada con cada sección o módulo del curso.

- En la columna derecha, se encuentran elementos adicionales que varían según la configuración del curso y las preferencias del/a tutor/a. Estos pueden incluir accesos directos al calendario del curso, el progreso individual y grupal, el correo interno de la plataforma, la lista de personas en línea en ese momento y otras herramientas personalizadas según las necesidades del grupo.

Esta disposición estructurada no solo facilita la navegación intuitiva y eficiente dentro de Moodle, sino que también optimiza la accesibilidad a los recursos educativos y fomenta una experiencia de aprendizaje colaborativa y enriquecedora para todos/as los/as participantes.

Figura 1.32. Interfaz de plataforma.

1.7. Recursos y posibilidades de Moodle

¿Cuáles son los recursos de la plataforma Moodle?

Los recursos en Moodle son las diferentes herramientas y formatos que permiten presentar contenido formativo de manera estructurada y accesible para los/as estudiantes.

Estos recursos facilitan la creación de experiencias de aprendizaje dinámicas y enriquecedoras dentro del entorno virtual.

Algunos de los recursos más comunes que ofrece Moodle son los siguientes:

1. **Textos:** son espacios donde los/as docentes pueden introducir información textual relevante para el curso. Estas páginas pueden incluir formatos básicos de texto, así como imágenes y enlaces a otros recursos dentro de la plataforma.

2. **Páginas web:** permite la creación de páginas web completas dentro de Moodle, lo que facilita la integración de contenido multimedia, incrustación de vídeos, presentaciones interactivas y otros recursos externos. Esto proporciona flexibilidad para diseñar experiencias de aprendizaje interactivas y multidimensionales.

3. **Libros:** los libros en Moodle permiten organizar contenido extenso en formato de capítulos y secciones, facilitando la navegación y el acceso secuencial al material formativo. Es útil para presentar información estructurada y detallada de manera gradual.

4. **Enlaces a páginas web externas:** permiten vincular contenido directamente desde otras páginas web externas, lo que amplía el acceso a recursos y materiales educativos adicionales fuera del entorno de Moodle.

5. **Directorios y subdirectorios:** facilitan la organización y gestión de archivos, permitiendo a los/as docentes estructurar y compartir recursos como documentos PDF, presentaciones, hojas de cálculo y otros archivos multimedia de manera ordenada y accesible.

6. **Etiquetas:** son elementos visuales que ayudan a organizar y destacar información importante dentro de un curso en Moodle. Las etiquetas pueden utilizarse para resaltar temas clave, fechas importantes o enlaces relevantes que complementen el contenido del curso.

Actualmente, el total de las opciones de incorporación de recursos que vamos a encontrar es el siguiente:

RECURSOS DISPONIBLES EN MOODLE 4.1		
Archivo	Asistencia	Base de datos
BigBlueButton	Carpeta	Certificado personalizado
Chat	Consulta	Cuestionario
Encuesta	Encuestas predefinidas	Etiqueta
Foro	Glosario	H5P
Herramienta externa	Lección	Libro
Lista de verificación	Página	Paquete de contenido LMS
Paquete SCORM	Taller	Tarea
URL	Wiki	

Al igual que con el resto de posibilidades que nos ofrece Moodle, podemos pinchar en el icono de información de cada recurso, donde nos explicarán en qué consiste y para qué puede servirnos.

1.8. Los recursos interactivos en Moodle

Los recursos interactivos en Moodle son herramientas con las cuales el alumnado puede interactuar activamente dentro de la plataforma de formación. Estos recursos permiten realizar acciones como acceder a contenidos adicionales en páginas web, participar en cuestionarios de evaluación, realizar pruebas y actividades donde deben introducir respuestas.

Preparar recursos interactivos con antelación facilita su integración en el curso de formación. Esto asegura que estén disponibles de manera oportuna para su utilización durante el desarrollo del curso.

Existen varios **formatos** en los cuales se pueden editar los contenidos:

■ El formato más básico implica la edición directa de texto dentro de la plataforma de Moodle, lo cual es accesible a través de la herramienta de edición integrada.

- Además, se pueden cargar y compartir archivos en formatos como Word, PDF y PowerPoint (PPT), permitiendo una presentación clara y accesible de materiales complementarios.

Figura 1.33. Creación de contenidos.

Entre los recursos más avanzados se encuentran los paquetes de contenidos SCORM, archivos LMS y archivos H5P. Estos recursos permiten la creación de actividades interactivas y contenidos educativos complejos que enriquecen la experiencia de aprendizaje.

En la actualidad, existen plataformas en línea que ofrecen herramientas para editar contenidos y actividades interactivas utilizando estos sistemas de manera gratuita y accesible. Algunas de estas plataformas incluyen H5P, ISEAZY, EASY GENERATOR, OPEN LMS, entre otras.

La incorporación de estos recursos interactivos no solo enriquece el entorno de aprendizaje en Moodle, sino que también fomenta la participación activa y la personalización del aprendizaje según las necesidades y estilos de cada estudiante.

Figura 1.34. Contenido en LMS.

A MODO DE CONCLUSIÓN...

- La accesibilidad y la usabilidad de plataformas como Moodle han democratizado el proceso de diseño y desarrollo de formación *online*. Ahora no se requieren conocimientos técnicos profundos para participar activamente en la configuración y mejora de estas herramientas. Con un entendimiento básico de Internet y de plataformas educativas, cualquier persona puede contribuir al diseño y desarrollo de cursos *online*.

- Moodle no solo permite utilizarla como usuario, sino que también brinda la oportunidad de participar en su evolución. Los usuarios pueden aportar ideas y sugerencias que contribuyan a mejorar continuamente la funcionalidad y efectividad de la plataforma. Esta colaboración abierta promueve un entorno de aprendizaje adaptable y en constante mejora.

- La capacidad de editar y personalizar Moodle nos permite adaptar la plataforma a nuestras necesidades específicas de formación y a las características de los grupos con los que trabajamos. Esto facilita la creación de experiencias de aprendizaje más pertinentes y efectivas para los/as estudiantes.

- Similar a la preparación de contenidos para clases presenciales, el uso efectivo de Moodle requiere un conocimiento profundo de la plataforma. Dominar sus herramientas y funciones nos permite aprovechar al máximo su potencial, ofreciendo una experiencia educativa rica y variada que potencia el aprendizaje activo y autónomo.

- Moodle representa no solo una herramienta poderosa para la formación *online*, sino también un espacio dinámico donde la comunidad educativa puede colaborar y evolucionar continuamente, adaptando y mejorando las prácticas pedagógicas para satisfacer las necesidades del aprendizaje moderno.

ACTIVIDAD PRÁCTICA

Vamos a ir aplicando parte de lo que hemos visto en esta unidad sobre Moodle. La idea es que empecemos a utilizarlo directamente para ir viendo sobre la propia aplicación qué es lo que podemos llegar a hacer con ella.

Para eso, es necesario que descarguemos la aplicación en nuestro ordenador o en nuestro móvil. Sigue las siguientes instrucciones para hacerlo:

Para PC:

Paso 1: abre tu navegador web preferido (por ejemplo, Google Chrome, Firefox o Safari).

1. Dirígete a la página oficial de Moodle: https://download.moodle.org/desktop

2. En la sección de descargas, selecciona el sistema operativo de tu PC (Windows, macOS o Linux).

Paso 2: instalar la aplicación

1. Para Windows:

   — Descarga el archivo ejecutable (.exe) de Moodle Desktop.

   — Una vez descargado, haz doble clic en el archivo para iniciar la instalación.

   — Sigue las instrucciones del instalador para completar la instalación.

2. Para macOS:

   — Descarga el archivo de imagen de disco (.dmg) de Moodle Desktop.

   — Una vez descargado, abre el archivo y arrastra el icono de Moodle a la carpeta de Aplicaciones.

   — Abre la carpeta de Aplicaciones y haz doble clic en el icono de Moodle para iniciar la aplicación.

3. Para Linux:

   — Descarga el paquete correspondiente a tu distribución de Linux.

   — Sigue las instrucciones específicas de instalación para tu distribución.

Paso 3: configurar la aplicación Moodle

1. Al abrir la aplicación por primera vez, te pedirá que ingreses la URL del sitio Moodle de tu institución. (Ejemplo: https://tusitio.moodle.com).

2. Ingresa la URL y haz clic en Conectar.

3. Inicia sesión con el nombre de usuario y contraseña que utilizas en el sitio web de Moodle.

Paso 4: explorar y utilizar la aplicación

1. Una vez que hayas iniciado sesión, podrás acceder a tus cursos, recursos y actividades directamente desde la aplicación.

2. Navega por las diferentes secciones para familiarizarte con la interfaz y las funcionalidades de la aplicación.

Para dispositivos móviles:

Paso 1: Acceder a la tienda de aplicaciones

1. Para dispositivos Android:

   — Abre la aplicación Google Play Store en tu dispositivo.

   — Busca el icono de la Play Store en tu pantalla de inicio o en el cajón de aplicaciones.

2. Para dispositivos iOS (iPhone/iPad):

   — Abre la aplicación App Store en tu dispositivo.

   — Busca el icono de la App Store en tu pantalla de inicio.

Paso 2: Buscar la aplicación de Moodle

1. En la barra de búsqueda de la tienda de aplicaciones, escribe «Moodle».

2. Presiona el botón de búsqueda o el icono de la lupa para iniciar la búsqueda.

Paso 3: Seleccionar la aplicación correcta

1. En los resultados de búsqueda, busca la aplicación llamada Moodle, desarrollada por Moodle Pty Ltd.

2. Asegúrate de seleccionar la aplicación oficial de Moodle para evitar aplicaciones falsas o no oficiales.

Paso 4: Descargar e instalar la aplicación

1. Para dispositivos Android:

   — Toca el botón «Instalar» junto al nombre de la aplicación Moodle.

   — La aplicación comenzará a descargarse e instalarse automáticamente en tu dispositivo.

2. Para dispositivos iOS (iPhone/iPad):

   — Toca el botón «Obtener» junto al nombre de la aplicación Moodle.

— Es posible que necesites autenticarte usando tu ID de Apple, Face ID o Touch ID.

— La aplicación comenzará a descargarse e instalarse automáticamente en tu dispositivo.

Paso 5: Abrir la aplicación de Moodle

1. Una vez completada la instalación, toca el botón «Abrir» para iniciar la aplicación Moodle.

2. También puedes encontrar el icono de la aplicación Moodle en tu pantalla de inicio o en el cajón de aplicaciones.

Paso 6: Configurar la aplicación Moodle

1. Al abrir la aplicación por primera vez, se te pedirá que ingreses la URL del sitio Moodle de tu institución. (Ejemplo: https://tusitio.moodle.com).

2. Ingresa la URL y toca «Conectar».

3. Inicia sesión con tu nombre de usuario y contraseña que utilizas en el sitio web de Moodle.

Paso 7: Explorar y utilizar la aplicación

1. Una vez que hayas iniciado sesión, podrás acceder a tus cursos, recursos y actividades directamente desde la aplicación.

2. Navega por las diferentes secciones para familiarizarte con la interfaz y las funcionalidades de la aplicación.

ACTIVIDADES FINALES

A continuación, encontrarás algunas preguntas sobre la unidad que acabamos de trabajar, para que puedas comprobar el grado de conocimientos que has adquirido.

1.1. ¿Qué tipo de conocimientos técnicos son necesarios para participar en el diseño y desarrollo de un curso en Moodle?

1.2. ¿Qué ventajas ofrece Moodle en términos de participación y crecimiento de la plataforma?

1.3. ¿Cómo puede personalizarse Moodle para adaptarse a las necesidades de un curso específico?

1.4. Menciona dos formatos básicos en los que se pueden editar contenidos en Moodle.

1.5. ¿Qué son los recursos interactivos en Moodle?

1.6. ¿Cuál es una de las principales razones por las que Moodle es accesible para diseñadores/as de cursos sin altos conocimientos técnicos?

1.7. ¿Qué se puede incluir en un curso en Moodle para enriquecer la experiencia de aprendizaje?

1.8. ¿Cómo se puede inscribir al alumnado en un curso de Moodle?

1.9. ¿Qué es un paquete de contenidos SCORM en Moodle?

1.10. ¿Qué deben conocer y manejar los/as docentes para aprovechar todo el potencial de Moodle?

2

Metodología y aspectos pedagógicos del *e-learning* basado en plataforma Moodle

Contenido

2.1. Identificación de destinatarios y definición de objetivos

2.2. Tipología de acciones de *e-learning*

2.3. Formación no tutorizada

2.4. Formación tutorizada unidireccional

2.5. Formación tutorizada bidireccional

2.6. Formación tutorizada cooperativa

2.7. Formación en grupos de aprendizaje

2.8. Aspectos críticos en el *e-learning*: contenidos, docente y alumnos

2.9. Aspectos clave de comunicación en el desarrollo del curso

2.10. Diseño de materiales en *e-learning*: recursos técnicos, tipología y características de los materiales

2.11. Sistemas de seguimiento y evaluación en Moodle

Desgranemos un poco los conceptos teóricos antes de nada...

¿Qué es un enfoque pedagógico?

El enfoque pedagógico se refiere a dirigir la atención o el interés hacia un asunto o problema desde unos supuestos previos con el objetivo de resolverlo de manera acertada. Este enfoque se expone con claridad, con la finalidad de formar o enseñar sobre el punto específico que se va a tratar. En este sentido, se emplean problemas o casos especialmente diseñados para motivar el aprendizaje de los aspectos más relevantes de la materia o contenido en cuestión.

Un enfoque pedagógico efectivo sitúa el aprendizaje en el centro del proceso educativo, focalizándose en el alumnado en lugar de en el formador/a o en la mera transmisión de contenidos teóricos. Este enfoque reconoce que cada estudiante es único y que su participación activa es crucial para un aprendizaje significativo.

Una limitación habitual en las aulas tradicionales es la tendencia a centrarse únicamente en situaciones puntuales y no desviarse de lo establecido en el currículo. Esta rigidez puede impedir la integración de los intereses y curiosidades del alumnado, los cuales pueden enriquecer considerablemente el proceso de enseñanza-aprendizaje.

Figura 2.1. Pedagogía.

Sin embargo, al aplicar un enfoque pedagógico, se pueden crear ambientes de aprendizaje estimulantes y adecuados que fomenten la investigación y la exploración. Esto lleva al alumnado a encontrar soluciones e hipótesis sobre los diferentes contenidos trabajados de maneras más diversas e incluso creativas. Por ejemplo, en lugar de seguir un libro de texto de manera estricta, se pueden introducir proyectos, estudios de caso y actividades interactivas que conecten los contenidos teóricos con situaciones reales y aplicables.

El enfoque pedagógico también promueve la autonomía y el pensamiento crítico entre los/as estudiantes, alentándolos a tomar un papel activo en su propio aprendizaje.

Mediante la exploración y la experimentación, el alumnado puede desarrollar habilidades de resolución de problemas y de pensamiento independiente, preparándose mejor para enfrentar desafíos tanto académicos como personales.

¿Cuál es entonces la diferencia entre las teorías del aprendizaje y los modelos de aprendizaje?

Las teorías del aprendizaje y los modelos de aprendizaje son conceptos fundamentales en la formación y el desarrollo pedagógico, especialmente en el contexto del *e-learning* basado en plataformas como Moodle.

Figura 2.2. Estructuras de aprendizaje.

Veamos los aspectos más relevantes de las teorías y modelos, y cómo se aplican en un entorno formativo.

TEORÍAS DEL APRENDIZAJE

- **Explicación general de observaciones científicas:** una teoría del aprendizaje proporciona una explicación comprensiva y general de las observaciones científicas realizadas sobre cómo aprenden las personas. Estas teorías se fundamentan en investigaciones empíricas y ayudan a comprender los mecanismos y procesos subyacentes del aprendizaje.

- **Predicción de comportamientos:** las teorías del aprendizaje no solo explican, sino que también predicen comportamientos en contextos formativos. Permiten anticipar cómo reaccionará el alumnado ante ciertos estímulos o métodos formativos, facilitando la planificación y diseño de estrategias didácticas.

- **Naturaleza provisional:** una teoría nunca puede establecerse más allá de toda duda. Está sujeta a la verificación continua y puede ser modificada a medida que se obtienen nuevos datos. Esta naturaleza provisional permite que las teorías se adapten y evolucionen con el tiempo.

- **Flexibilidad y modificación:** las teorías del aprendizaje pueden ser objeto de modificaciones conforme se desarrollan nuevas investigaciones. En algunos casos, una teoría puede ser desechada si no se valida a través de pruebas rigurosas, mientras que otras pueden mantener su validez por largos periodos antes de ser actualizadas o reemplazadas.

Figura 2.3. Aprendizaje para todas las personas.

MODELOS DE APRENDIZAJE

- **Figura mental y comprensión:** un modelo de aprendizaje es una figura mental que ayuda a entender y visualizar conceptos que no pueden observarse o explicarse directamente. Los modelos sirven como herramientas cognitivas para simplificar y organizar la información sobre el proceso de aprendizaje.

- **Descripción del ambiente de aprendizaje:** un modelo puede considerarse como una descripción estructurada de un ambiente de aprendizaje. Representa un intento ordenado de diseñar cómo debería realizarse la comunicación y transmisión del conocimiento entre formadores/as-tutores/as y alumnado. Este enfoque permite crear entornos formativos efectivos y centrados en las necesidades del alumnado.

- **Representación ideal del proceso formativo:** los modelos de aprendizaje proporcionan una representación ideal del proceso formativo, determinando cómo debe ser el proceso instructivo, el proceso desarrollador, la concepción curricular, la concepción didáctica y el tipo de estrategias didácticas que se deben implementar. Esto incluye la planificación de actividades, la selección de recursos y la evaluación del progreso del alumnado.

Figura 2.4. Enseñanza aprendizaje.

ENFOQUES DE APRENDIZAJE

- **Objetivos del alumnado:** un enfoque de aprendizaje se refiere a los objetivos que el alumnado se propone en relación con la resolución de las tareas formativas. Esto incluye la intención del/la alumno/a al cumplir con los requisitos de la formación que está realizando. Cada estudiante puede tener diferentes metas y motivaciones que influyen en su enfoque hacia el aprendizaje.

- **Experiencia de aprendizaje acumulada:** los enfoques de aprendizaje se desarrollan en relación con la experiencia acumulada durante el proceso formativo. Las experiencias de aprendizaje pueden clasificarse en tres cualidades posibles:

  — **Experiencia superficial:** el/la estudiante se enfoca en memorizar información sin entenderla profundamente, a menudo motivado/a por la necesidad de aprobar exámenes o cumplir con requisitos mínimos.

  — **Experiencia estratégica:** el/la estudiante utiliza estrategias específicas para optimizar su rendimiento, balanceando entre la memorización y la comprensión para alcanzar los mejores resultados posibles.

  — **Experiencia profunda:** el/la estudiante busca una comprensión profunda y significativa de los contenidos, motivado/a por un interés intrínseco y una curiosidad intelectual.

- **Individualidad del proceso formativo:** es importante reconocer que las experiencias y objetivos formativos varían significativamente entre personas. Cada persona tiene razones únicas para participar en una formación y vivirá la experiencia de manera distinta. Por tanto, esta diversidad no debe distraer a los/as formadores/as-tutores/as de sus tareas principales, sino más bien informar y enriquecer sus enfoques didácticos.

Debemos, entender y conocer las diferencias entre teorías y modelos de aprendizaje, así como los enfoques del alumnado; es importante para nosotros/as, ya que lo necesitamos para diseñar y ejecutar estrategias formativas efectivas en plataformas como Moodle. Estos conocimientos permiten a los/as formadores/as-tutores/as crear ambientes de aprendizaje que respondan a las necesidades diversas del alumnado y promuevan un desarrollo formativo integral.

Figura 2.5. Aprendizaje.

¿Qué son los modelos pedagógicos?

Estos responden a unas cuestiones principales muy sencillas:

- Qué enseñar.
- A quién enseñar.
- Con qué procedimiento enseñarlo.
- Cuándo enseñarlo.
- En qué reglamento basarse.

> Todo esto da como resultado **un proceso de enseñanza y aprendizaje concreto que tiene como objetivo moldear determinadas cualidades y virtudes** de nuestro alumnado.

¿Cuáles son los cinco modelos pedagógicos que conocemos?

En el ámbito formativo, existen diversos modelos pedagógicos que han sido desarrollados y aplicados a lo largo del tiempo. Estos modelos ofrecen diferentes enfoques y metodologías para facilitar el aprendizaje del alumnado.

Veamos los cinco modelos pedagógicos más conocidos y utilizados:

1. Modelo tradicional

El modelo tradicional se basa en la transmisión directa de información al alumnado. Es uno de los modelos más utilizados a lo largo de la historia y se caracteriza por una comunicación unidireccional, donde el/la docente es la figura central y el alumnado adopta un papel pasivo.

En este enfoque, el/la docente imparte un conjunto de conocimientos de manera directa, sin establecer un proceso de comunicación activa con el alumnado. La formación se centra en la memorización y repetición de contenidos, y el éxito se mide a través de exámenes y evaluaciones formales.

Figura 2.6. Aula tradicional.

- Características principales:
  - — Transmisión de conocimientos de manera directa y unidireccional.
  - — El/la docente es el protagonista del proceso formativo.
  - — El alumnado tiene un rol pasivo y receptivo.
  - — Enfoque en la memorización y repetición de contenidos.
  - — Evaluaciones formales centradas en exámenes y pruebas.

2. Modelo conductista

El modelo conductista también otorga al alumnado un rol pasivo, con el/la docente como centro del proceso formativo. En este caso, el aprendizaje se considera un proceso de condicionamiento basado en la repetición, la práctica y la exposición continua a los contenidos.

La evaluación se centra en el resultado final, y se utilizan recompensas y castigos para motivar al alumnado.

■ Características principales:

— Enfoque en la repetición, práctica y exposición.

— Evaluación centrada en los resultados finales.

— Uso de premios y recompensas para motivar al alumnado.

— Ejemplos en el aula: premiar la intervención, castigar el mal comportamiento, sumar o restar puntos, sancionar cuando se copia.

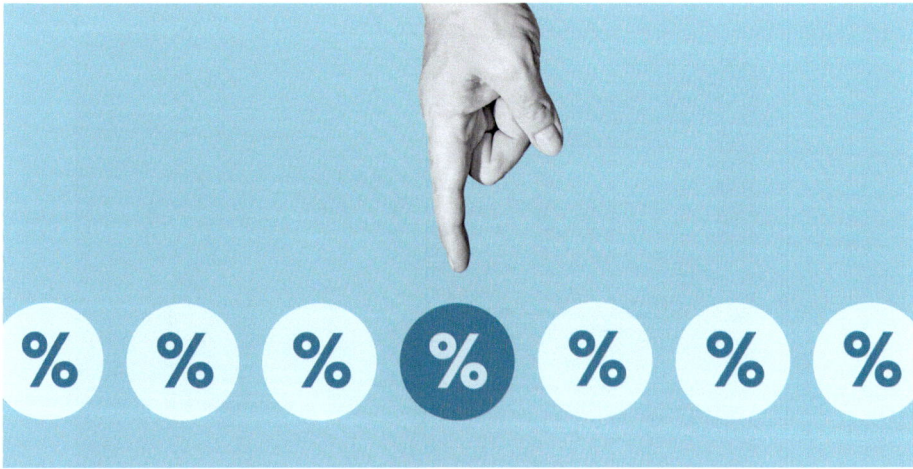

Figura 2.7. Resultados.

3. Modelo romántico o experiencial

El modelo romántico o experiencial se distingue por su enfoque en un aprendizaje natural y espontáneo. A diferencia de los modelos anteriores, en este caso el alumnado tiene un papel activo y protagonista.

El aprendizaje se basa en las experiencias y los intereses del alumnado, promoviendo el aprendizaje a través de la acción y la experimentación directa.

■ Características principales:

— El alumnado tiene un papel activo y protagonista.

— Aprendizaje basado en la experiencia y los intereses personales.

— No se centra en la memorización, sino en el hacer.

— Evaluación cualitativa en lugar de cuantitativa, sin comparar resultados.

Figura 2.8. Práctica directa.

4. Modelo cognitivo

El modelo cognitivo no busca que el alumnado acumule conocimientos, sino que promueve su desarrollo intelectual integral. Este modelo se centra tanto en el proceso de aprendizaje como en el resultado final, colocando al alumnado como protagonista y al/la docente como un apoyo.

El enfoque está en el desarrollo de habilidades cognitivas a través de la resolución de problemas y el razonamiento.

■ Características principales:

— Enfoque en el desarrollo intelectual integral del alumnado.

— Importancia del proceso de aprendizaje y del resultado final.

— Protagonismo del alumnado con el/la docente como apoyo.

— Uso de ejercicios que plantean problemas para resolver mediante el razonamiento.

— Basado en cinco principios fundamentales: recordar, reconocer, implementar, juzgar y desarrollar.

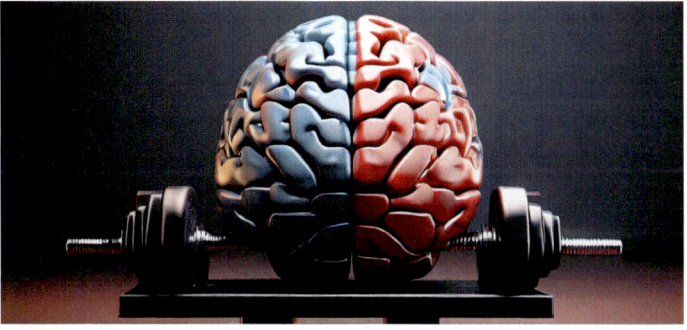

Figura 2.9. Entrenamiento cognitivo.

5. Modelo constructivista

El modelo constructivista es actualmente uno de los más aceptados y utilizados. En este modelo, el alumnado es el protagonista de su propio aprendizaje, mientras que el/la docente actúa como orientador/a, planteando retos y preguntas que fomentan la resolución de problemas reales y prácticos.

Este enfoque promueve la autonomía del alumnado y se basa en el trabajo colaborativo, los conocimientos previos y el contexto del aprendizaje.

■ Características principales:

    — Protagonismo del alumnado en su propio proceso de aprendizaje.

    — El/la docente como orientador/a y facilitador/a.

    — Enfoque en la resolución de problemas reales y prácticos.

    — Importancia del trabajo colaborativo y de los conocimientos previos.

— Contextualización del aprendizaje en la realidad social y profesional.

Figura 2.10. Uso del constructivismo.

Cada uno de estos modelos pedagógicos ofrece una perspectiva única sobre el proceso formativo, adaptándose a diferentes contextos y necesidades del alumnado. La selección del modelo adecuado depende de los objetivos formativos, el contexto del aprendizaje y las características del alumnado.

2.1. Identificación de destinatarios y definición de objetivos

Las plataformas *e-learning* tienen como objetivo principal facilitar a los responsables de formación, docentes y alumnado un entorno virtual personalizado que simplifique y optimice el proceso de enseñanza/aprendizaje y la gestión global de la formación. Estas plataformas integran diversas funcionalidades que permiten una interacción eficiente y un seguimiento detallado del progreso formativo.

La planificación de la formación y la selección de la herramienta tecnológica adecuada son aspectos a tener en cuenta en el diseño de cursos *online*. Para identificar el público objetivo de manera efectiva, es necesario realizar un análisis exhaustivo que contemple no solo las características demográficas y profesionales del alumnado, sino también sus necesidades y preferencias formativas.

¿Cómo podemos hacerlo?

- **Análisis del público objetivo:** es fundamental comprender quiénes son nuestros potenciales alumnos/as, considerando factores como el nivel de estudios, la experiencia profesional, el sector laboral y otros aspectos personales. Este análisis permite adaptar el contenido formativo para hacerlo más relevante y atractivo.

- **Construcción de una oferta de valor atractiva:** la oferta formativa debe diseñarse para atraer al público objetivo, destacando los beneficios y ventajas del curso. Es necesario valorar aspectos como la competencia en el mercado de la oferta formativa *elearning* y entender el proceso de decisión de nuestros potenciales alumnos/as.

Figura 2.11. Análisis y estudio.

Para diferenciarse en un mercado cada vez más competitivo, hay que analizar la oferta formativa existente y entender cómo se posicionan otros cursos similares.

Este análisis competitivo nos permitirá identificar nuestras fortalezas y oportunidades de mejora.

- **Análisis de la competencia:** investigar y evaluar la oferta de otros cursos en el mismo sector nos proporciona información valiosa sobre las tendencias y demandas del mercado. Este conocimiento nos ayuda a ajustar nuestra estrategia formativa para destacar y atraer al alumnado.

- **Proceso de decisión del alumnado:** comprender cómo nuestros posibles alumnos/as deciden entre diferentes opciones formativas es esencial. Factores como la reputación del curso, las recomendaciones, las características del contenido y las modalidades de aprendizaje influyen en esta decisión.

Figura 2.12. Estudio de la competencia.

Antes de definir una estrategia para llegar a nuestros posibles alumnos/as, es necesario diseñar un plan detallado para reconocer y atraer a las personas interesadas en nuestra formación.

> Este plan debe incluir acciones específicas de *marketing* y comunicación que informen a los/as potenciales alumnos/as sobre la existencia del curso y sus beneficios.

- **Conocimiento de los potenciales alumnos/as:** identificar a las personas que podrían beneficiarse de nuestro curso es el primer paso. Utilizar herramientas de segmentación de mercado y análisis de datos nos permite conocer mejor a nuestro público objetivo y personalizar la oferta formativa.

- **Estrategias de *marketing* y comunicación:** implementar estrategias de *marketing* digital, como campañas en redes sociales, *e-mail marketing* y optimización en motores de búsqueda (SEO), nos ayuda a llegar a nuestro público objetivo de manera efectiva. Es importante comunicar de manera clara y atractiva los beneficios del curso y cómo puede satisfacer las necesidades del alumnado.

Figura 2.13. Búsqueda *e-learning*.

Las plataformas *e-learning* deben ofrecer un entorno flexible y personalizado que se adapte a las necesidades individuales del alumnado.

Esto incluye funcionalidades que faciliten el acceso a los contenidos, herramientas interactivas que fomenten la participación y métodos de evaluación que reflejen el progreso del aprendizaje.

- **Entorno virtual personalizado:** un entorno virtual que se adapte a las preferencias y estilos de aprendizaje del alumnado mejora significativamente la experiencia formativa. Las plataformas deben permitir personalizar el contenido, el ritmo de aprendizaje y las actividades evaluativas.

- **Facilitación del proceso de enseñanza/aprendizaje:** las herramientas tecnológicas deben simplificar el acceso y la navegación por los contenidos formativos, ofreciendo recursos como foros de discusión, videoconferencias y actividades interactivas que enriquezcan el proceso de aprendizaje.

Figura 2.14. Entornos virtuales.

2.2. Tipología de acciones de *e-learning*

Como hemos visto ya, encontramos tres tipos básicos de acciones en modalidad de formación *e-learning*:

1. *E-learning* puro

El *e-learning* puro se define como la formación totalmente basada en Internet. Es lo que comúnmente conocemos como formación *online* pura y representa una evolución de la tradicional educación a distancia. Aunque es una experiencia individualista en su naturaleza, no implica necesariamente un aprendizaje autodidacta, ya que la mayoría de los cursos en esta modalidad incluyen algún nivel de tutorización.

Esta modalidad permite a los/as alumnos/as acceder a contenidos educativos desde cualquier ubicación con conexión a Internet, adaptando el aprendizaje a sus propios horarios y ritmos.

■ **Características principales:**

— Acceso a la formación exclusivamente a través de Internet.

— Flexibilidad en cuanto a tiempo y lugar de estudio.

— Incluye tutorización para guiar y apoyar el aprendizaje.

Figura 2.15. Formación *online* pura.

2. *B-learning (blended learning)*

El *b-learning*, también conocido como aprendizaje mixto o formación *blended*, combina el uso de Internet con actividades presenciales. En esta modalidad, algunos módulos formativos se imparten de manera presencial, mientras que otros se realizan de forma *online*.

Esta combinación permite integrar lo mejor de ambos mundos, facilitando interacciones cara a cara junto con la flexibilidad y accesibilidad del aprendizaje *online*.

© Ediciones Paraninfo

■ **Características principales:**

— Uso combinado de actividades presenciales y *online*.

— Facilita la interacción directa entre docentes y alumnos/as.

— Proporciona flexibilidad para adaptarse a diferentes estilos de aprendizaje.

Figura 2.16. *B-learning.*

3. *M-learning* (*mobile learning*)

El *m-learning*, o aprendizaje móvil, representa una de las modalidades más innovadoras de los últimos años. Esta modalidad aprovecha el uso extendido de dispositivos móviles, como teléfonos inteligentes y tabletas, para proporcionar acceso continuo a contenidos educativos. La adaptación tecnológica de las plataformas de formación ha permitido que los cursos se puedan realizar cómodamente a través de dispositivos móviles con conexión a Internet, ofreciendo la posibilidad de aprender en cualquier momento y desde cualquier lugar.

■ **Características principales:**

— Uso intensivo de dispositivos móviles para el acceso a la formación.

— Flexibilidad total en términos de ubicación y horarios de estudio.

— Adecuado para una formación continua y personalizada.

Figura 2.17. *M-learning.*

Estos tres tipos de acciones en modalidad *e-learning* representan una respuesta adaptativa a las necesidades cambiantes de la educación moderna. Desde la flexibilidad del *e-learning* puro hasta la integración innovadora del *m-learning*, cada modalidad busca mejorar la accesibilidad, la personalización y la efectividad del proceso de enseñanza-aprendizaje.

2.3. Formación no tutorizada

Desde sus inicios, la formación a distancia (FAD) ha buscado promover la autonomía del alumnado en su proceso educativo. Sin embargo, en sus primeras etapas, más que fomentar la autonomía, parecía promover la independencia. Las empresas proveedoras de materiales educativos se limitaban a enviar recursos y materiales sin ofrecer seguimiento, orientación ni, en muchos casos, comunicación alguna con los/as estudiantes. El único contacto que existía era el envío del título una vez aprobada la evaluación final, que se realizaba por correo postal y que certificaba la titulación obtenida.

Con el tiempo, se ha reconocido la necesidad de la tutorización como elemento esencial para la efectividad de la formación a distancia moderna.

> La figura del/la tutor/a no solo orienta y apoya al estudiante a lo largo de su aprendizaje, sino que también asegura que el proceso educativo sea personalizado y efectivo. Proporciona retroalimentación, resuelve dudas y motiva al alumnado a alcanzar su máximo potencial académico.

Las nuevas tecnologías de la información y la comunicación (NTIC) han transformado la educación a distancia, facilitando una interacción más fluida entre estudiantes y tutores. Aunque existen modalidades de formación a distancia sin tutorización externa, la tendencia actual se inclina hacia la integración de herramientas tecnológicas que faciliten la comunicación y el seguimiento continuo del progreso del estudiante.

A pesar de los avances tecnológicos, el ritmo de vida actual y las necesidades de muchas personas adultas han generado una modalidad de formación a distancia que prescinde de la tutorización externa, recordando en cierto modo las limitaciones del pasado.

Sin embargo, se reconoce que la tutorización adecuada, sigue siendo esencial para garantizar la calidad y efectividad del aprendizaje a distancia.

Mientras que la formación a distancia ha avanzado significativamente desde sus inicios, la tutorización sigue siendo un componente clave para el éxito del proceso formativo. Las nuevas tecnologías han mejorado la accesibilidad y la interactividad, pero el apoyo humano sigue siendo esencial para asegurar una experiencia educativa enriquecedora y efectiva.

En estos ejemplos, encontramos los MOOC, NOOC y SPOOC.

¿Qué es MOOC?

Los MOOC (*Massive Open Online Courses*) son cursos en línea, masivos y abiertos, diseñados para brindar acceso a formación de alta calidad a una audiencia global sin restricciones de inscripción.

Estos cursos han revolucionado la forma en que las personas acceden a la formación, permitiendo que cualquier persona con acceso a Internet pueda participar en ellos.

El término *MOOC* fue acuñado en 2008 por Dave Cormier y Bryan Alexander, pero fue en 2011 cuando Sebastian Thrun y Peter Norving dieron un paso significativo al reunir a más de 160 000 personas de más de dos cientos países diferentes en el primer MOOC oficial.

Desde el punto de vista tecnológico y formativo, esto representó una auténtica revolución, marcando un antes y un después en la historia de la formación a distancia.

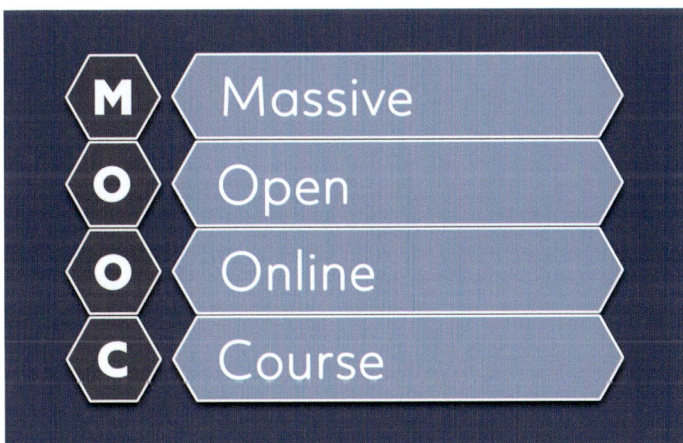

Figura 2.18. MOOC.

Los MOOC comenzaron a ganar popularidad y a expandirse rápidamente, en gran parte gracias a su alianza con instituciones de prestigio como Harvard, Stanford y Princeton. Esta asociación no solo aportó credibilidad a los cursos, sino que también atrajo a un gran número de participantes interesados en mejorar sus habilidades y conocimientos. Tanto fue el impacto de los MOOC que, en 2012, el *New York Times* declaró que ese año sería «el año de los MOOC».

La principal **ventaja** de los MOOC radica en su **carácter abierto y accesible**, permitiendo que cualquier persona, independientemente de su ubicación geográfica, pueda acceder a una formación de calidad. Esta modalidad de formación ofrece una oportunidad sin precedentes para seleccionar itinerarios formativos personalizados, mejorar el currículo profesional y conectar con personas de todo el mundo que comparten intereses formativos similares.

Los propios creadores de los MOOC destacaban que «nunca habíamos tenido tan cerca la selección de nuestro propio itinerario formativo. Nunca nos había costado tan poco mejorar nuestro currículo profesional. Nunca habíamos tenido tanta facilidad para entrar en contacto con personas de todo el globo con intereses formativos tan similares a los nuestros. Y nunca se había puesto tan de manifiesto el interés de las personas por aprender».

Estas afirmaciones, aunque entusiastas, han sido objeto de debate, ya que los resultados de los MOOC pueden variar significativamente dependiendo de quién los analice y presente. Es difícil determinar con precisión el nivel de logro de cada participante a nivel global, una vez finalizados estos cursos.

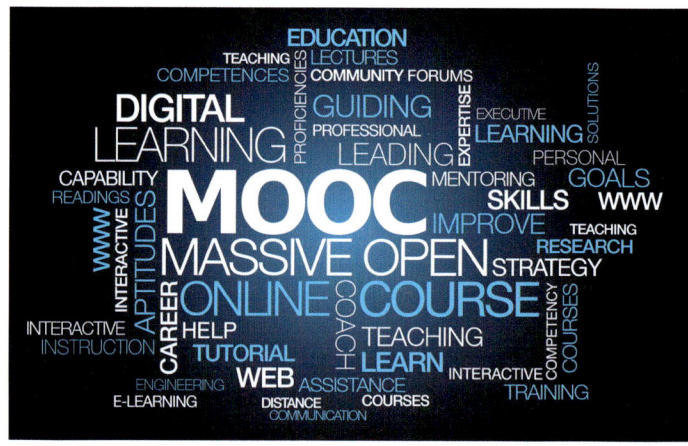

Figura 2.19. MOOC *online*.

Es importante señalar que, debido a la naturaleza masiva y abierta de los MOOC, no existe (ni puede existir) la figura del/la tutor/a *online* como en otras modalidades de formación a distancia.

En lugar de la tutorización tradicional, los MOOC suelen apoyarse en la autoevaluación, la evaluación por pares y foros de discusión, donde los/as participantes pueden interactuar y ayudarse mutuamente.

Los MOOC han democratizado el acceso a la formación, permitiendo que cualquier persona con motivación y acceso a Internet pueda aprender sobre una amplia variedad de temas. Sin embargo, **también presentan desafíos**, como las altas tasas de **abandono** y la variabilidad en la **calidad** de los cursos.

A pesar de estos, los MOOC siguen siendo una herramienta poderosa para la formación continua y el desarrollo profesional, abriendo nuevas oportunidades para aprender y crecer en un mundo cada vez más conectado.

Figura 2.20. Metodología MOOC.

¿Qué es NOOC?

Un NOOC (*Nano Open Online Course*) son pequeñas píldoras formativas que comparten la misma filosofía que los MOOC, pero cuya duración es muy breve, abarcando entre una y veinte horas formativas. Estos cursos están diseñados para proporcionar formación específica de manera rápida y eficiente, permitiendo a los/as participantes adquirir conocimientos puntuales en un corto periodo de tiempo.

Los NOOC tienen un carácter independiente, ya que no necesitan estar basados en un programa formativo determinado, ni ceñirse a una estructura modular de formación. Esta flexibilidad permite que se adapten a una amplia variedad de temas y necesidades formativas. A pesar de su brevedad, suelen incluir mecanismos para que el alumnado pueda evaluar su evolución dentro del proceso de aprendizaje, asegurando que los objetivos formativos se cumplan de manera efectiva.

Figura 2.21. Minicursos *online*.

Estos cursos son ideales para grupos concretos de personas que necesiten formación específica dentro de un área particular. A diferencia de los MOOC, los NOOC suelen requerir un proceso de inscripción gratuita y deben completarse en un periodo de tiempo determinado, lo que añade un componente de disciplina y compromiso por parte del alumnado.

La duración de los NOOC es generalmente inferior a veinte horas, y este tiempo varía en función de la cantidad y complejidad del contenido específico que se desee abordar.

Esta característica hace que podamos encontrar formaciones de este tipo en prácticamente cualquier tema que podamos imaginar. La falta de necesidad de ceñirse a un patrón de contenidos determinados, ni seguir ningún tipo de real decreto o programa formativo, les otorga una gran libertad para ser diseñados de cualquier manera y sobre cualquier tema.

En este tipo de formaciones, tampoco se cuenta con un seguimiento tutorizado. Sin embargo, a diferencia de otros cursos más extensos, los NOOC están diseñados de manera que cada persona pueda comprobar si ha alcanzado los objetivos planteados de manera autónoma. La propia herramienta formativa suele indicar qué es lo que debe hacerse, completarse y en qué tiempo, facilitando la autoevaluación y la autogestión del aprendizaje.

La accesibilidad y flexibilidad de los NOOC los convierten en una opción atractiva para quienes buscan adquirir conocimientos específicos de manera rápida y eficiente. Estas características los hacen especialmente útiles para profesionales que necesitan actualizar sus habilidades en áreas concretas, estudiantes que buscan complementar su formación académica o cualquier persona interesada en aprender algo nuevo sin la necesidad de comprometerse a un curso largo y estructurado.

Figura 2.22. Formación autónoma.

¿Qué son los SPOC?

Los **SPOC** (*Small Private Online Courses*) son cursos de formación diseñados para un grupo limitado de participantes. Estos cursos pueden ser gratuitos o de pago, y se caracterizan por su enfoque más personalizado en comparación con los MOOC (*Massive Open Online Courses*).

> Los SPOC se originaron como una respuesta a los altos índices de abandono observados en los MOOC, pero su finalidad es distinta y está más orientada hacia modelos de negocio específicos y formaciones más focalizadas.

© Ediciones Paraninfo

Los SPOC han sido adoptados en gran medida por empresas que buscan ofrecer formación especializada a sus empleados. Armando Fox, profesor de la Universidad de Berkeley, definía los SPOC como «los MOOC que estaban en uso en un contexto de una compañía». Este enfoque permite a las empresas desarrollar programas formativos adaptados a sus necesidades específicas, brindando a los empleados la oportunidad de adquirir conocimientos y habilidades relevantes para su trabajo en un entorno más controlado y con mayor interacción.

En el ámbito empresarial, los SPOC ofrecen varias **ventajas**. Al limitar el número de participantes, se puede proporcionar una experiencia de aprendizaje más personalizada y enfocada. Esto facilita una mayor interacción entre los participantes y los/as instructores/as, permitiendo un seguimiento más cercano y *feedback* inmediato. Además, los SPOC pueden ser diseñados para abordar temas muy específicos o para desarrollar habilidades particulares que son esenciales para el desempeño de los/as empleados/as en su rol dentro de la empresa.

Figura 2.23. Formación en la empresa.

Pero los SPOC no se limitan al ámbito corporativo. También han encontrado una aplicación valiosa en el entorno universitario. Las universidades utilizan los SPOC como complemento a las clases presenciales, adoptando modalidades de *blended learning* (aprendizaje mixto) y *flipped classroom* (aula invertida).

En el modelo de *blended learning*, parte del contenido formativo se imparte en línea mientras que otra parte se realiza de manera presencial, proporcionando a los/as estudiantes una experiencia de aprendizaje más flexible y adaptada a sus necesidades.

En el modelo de *flipped classroom*, los/as estudiantes acceden al contenido teórico en línea y utilizan el tiempo de clase para actividades más interactivas y prácticas, como discusiones, trabajos en grupo y resolución de problemas.

Además, los SPOC se utilizan como cursos de nivel para preuniversitarios/as, ayudando a los/as estudiantes a prepararse para la transición a la educación superior. Estos cursos permiten que los/as futuros/as universitarios/as adquieran los conocimientos básicos necesarios para enfrentar con éxito los retos académicos que encontrarán en sus estudios superiores.

Un ejemplo notable de esta aplicación es el de la Universidad Carlos III de Madrid, que ha implementado SPOC para ayudar a los/as estudiantes a potenciar sus conocimientos antes de iniciar sus carreras universitarias.

Los SPOC, por lo tanto, representan una evolución significativa en el panorama de la formación en línea. Ofrecen una alternativa más estructurada y personalizada a los MOOC, con beneficios tanto para empresas como para instituciones educativas. Su capacidad para proporcionar una formación más enfocada y su flexibilidad en la adaptación a las necesidades específicas de los participantes los convierten en una herramienta poderosa para el desarrollo formativo en diversos contextos.

Figura 2.24. La formación como objetivo.

2.4. Formación tutorizada unidireccional

Tal y como estamos viendo a lo largo de este manual, aunque nuestro trabajo en una plataforma de *e-learning* incorpore un aspecto técnico y tecnológico que marca una gran diferencia con una formación presencial, no podemos olvidar que cuando hablamos de plataformas de formación, hablamos de las figuras de los/as tutores/as *online*.

> Los/as tutores/as son fundamentales para el éxito del proceso formativo, ya que su papel va más allá de la mera transmisión de conocimientos.
>
> Su labor implica un acompañamiento constante y una guía que facilita el aprendizaje y desarrollo de cada estudiante.

En el ámbito del *e-learning*, existen diversos roles para la figura del/la tutor/a, y podemos encontrar diferentes denominaciones en función de la bibliografía que consultemos o de la empresa de formación con la que estemos en contacto. Algunos de estos roles incluyen al tutor/a académico/a, al tutor/a de orientación, al facilitador/a, al moderador/a y al mentor/a, entre otros. Cada uno de estos roles tiene funciones específicas que contribuyen al desarrollo integral del proceso de enseñanza-aprendizaje.

Figura 2.25. Tutoría.

El/la tutor/a académico/a es aquel/la que se encarga de guiar al alumnado en la comprensión y asimilación de los contenidos teóricos del curso. Este rol implica no solo la explicación de conceptos y teorías, sino también la resolución de dudas y la elaboración de materiales complementarios que faciliten el aprendizaje. La tutoría académica es esencial para asegurar que los/as estudiantes adquieran los conocimientos necesarios y puedan aplicarlos de manera efectiva en contextos prácticos.

Por otro lado, **el/la tutor/a de orientación** tiene la responsabilidad de proporcionar al alumnado una guía personalizada, ayudándoles a mejorar sus destrezas de estudio, gestionar su tiempo de manera eficiente y comprender el proceso de aprendizaje a través de la plataforma de formación. Este rol es crucial para motivar a los/as estudiantes, identificar y resolver posibles dificultades que puedan enfrentar durante su formación, y ofrecer un apoyo continuo que les permita alcanzar sus objetivos académicos.

Además de estos roles tradicionales, en el entorno de *e-learning* también encontramos la **figura del/a dinamizador/a o facilitador/a**, quien se encarga de promover la participación activa del alumnado en las actividades formativas, fomentando la colaboración y el intercambio de ideas.

El/la **facilitador/a** crea un ambiente de aprendizaje dinámico y participativo, donde los/as estudiantes se sienten motivados/as a interactuar y compartir sus experiencias y conocimientos.

El/la **moderador/a**, por su parte, es responsable de gestionar las interacciones en foros y discusiones en línea, asegurando que se mantenga un clima de respeto y colaboración. Este rol implica la supervisión de las actividades de comunicación, la intervención en caso de conflictos y la promoción de un diálogo constructivo que enriquezca el proceso formativo.

Finalmente, el/la **mentor/a** en *e-learning* ofrece una guía más personalizada y continua, estableciendo una relación más cercana con los/as estudiantes. El/la mentor/a apoya al alumnado en el desarrollo de competencias específicas, brinda asesoramiento profesional y facilita la conexión entre los conocimientos teóricos y su aplicación práctica en el entorno laboral.

Las funciones a desarrollar dentro del proceso de enseñanza-aprendizaje y del proceso de desarrollo de la propia plataforma, son diversas y están determinadas por las necesidades específicas del alumnado y del contexto formativo.

Esto implica que, en función del momento y del grupo con el que se esté trabajando, los/as tutores/as deben ser capaces de adaptarse a las circunstancias que se presenten. La adaptabilidad y la flexibilidad son cualidades esenciales para un/a buen/a tutor/a de *e-learning*.

Es fundamental mantener la misma idea con respecto al uso de metodologías en el aula presencial y en el aula virtual o en la plataforma de formación *online*. Las técnicas y estrategias pedagógicas deben ser coherentes y estar orientadas a facilitar el aprendizaje, independientemente del medio utilizado. En este sentido, las tecnologías digitales ofrecen numerosas herramientas que, bien utilizadas, pueden enriquecer y potenciar el proceso formativo.

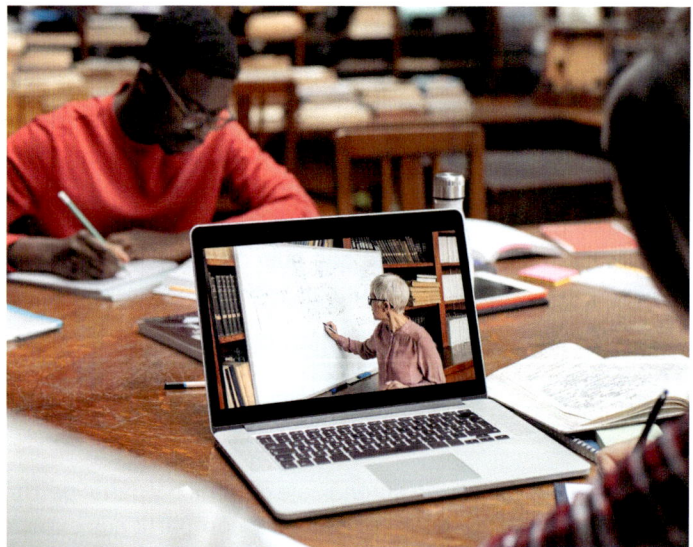

Figura 2.26. Tutoría *online*.

De forma general y básica, podemos hablar de dos tipos de tutorías dentro de la formación en *e-learning*: tutoría académica y tutoría de orientación.

Veamos algo más acerca de estos dos tipos de tutoría:

Tutoría académica: esta tutoría está directamente relacionada con el conocimiento de los contenidos teóricos que se trabajan en el curso de la plataforma. El/la tutor/a académico/a desempeña un papel crucial en la explicación de conceptos, la resolución de dudas y la elaboración de materiales didácticos que faciliten la comprensión del alumnado. Su función es asegurar que los/as estudiantes adquieran los conocimientos necesarios para avanzar en su formación y aplicar lo aprendido de manera efectiva.

Figura 2.27. Roles de tutoría.

Tutoría de orientación: en este tipo de tutoría, el/la tutor/a proporciona al alumnado una orientación personalizada, ayudándoles a mejorar sus destrezas de estudio, gestionar mejor su tiempo y comprender el proceso de aprendizaje a través de la plataforma de formación. La tutoría de orientación es esencial para mantener la motivación del alumnado, identificar y resolver posibles dificultades y ofrecer un apoyo continuo que les permita alcanzar sus objetivos formativos.

Aun así, podemos encontrar y desarrollar cursos en plataformas de formación con **tutorías de tipo unidireccional.** Este enfoque de tutoría implica una serie de características específicas que diferencian este modelo de otros más interactivos y participativos.

La **tutoría unidireccional** da mayor importancia a la autonomía y autogestión de cada estudiante. En este tipo de formación, se espera que el alumnado sea capaz de gestionar su propio aprendizaje de manera independiente, sin necesidad de una guía constante. Esta autonomía fomenta el desarrollo de habilidades como la autodisciplina, la responsabilidad y la capacidad de resolver problemas por sí mismos/as.

En este contexto, no hay un contacto habitual con cada alumno/a. Las comunicaciones se limitan a indicar aspectos relevantes de la superación del curso, como fechas importantes, resultados de evaluaciones o instrucciones específicas para completar actividades. La falta de interacción frecuente puede hacer que los/as estudiantes sientan una menor conexión con el/la tutor/a, pero también les permite enfocarse en su propio ritmo de aprendizaje.

El seguimiento individual y grupal es mucho más relajado por parte del/la tutor/a. En lugar de realizar un seguimiento continuo y detallado del progreso de cada estudiante, el/la tutor/a en este modelo adopta un enfoque más distante, interviniendo únicamente cuando es absolutamente necesario. Esto reduce la carga de trabajo del/la tutor/a, pero puede afectar la percepción de apoyo por parte del alumnado.

La comunicación entre tutor/a y alumnado es escasa. Las interacciones son mínimas y generalmente se centran en aspectos administrativos o en la resolución de problemas específicos. Esta falta de comunicación puede limitar la oportunidad de construir relaciones significativas y de proporcionar un apoyo más personalizado.

Figura 2.28. Tutorización.

La metodología que prima en las tutorías unidireccionales se asemeja más a un modelo formativo tradicional.

Se prioriza la transmisión de información de manera directa y unidireccional, con menos énfasis en la interacción y el diálogo. El alumnado recibe los contenidos y debe asimilarlos por su cuenta, lo cual puede ser eficaz para ciertos tipos de formación, pero menos adecuado para aquellos que requieren un enfoque más colaborativo.

El *feedback* que se proporciona a cada estudiante es básico. Las evaluaciones suelen centrarse en las notas y otros indicadores cuantitativos, sin profundizar en retroalimentaciones cualitativas que puedan ayudar al alumnado a entender mejor sus fortalezas y áreas de mejora. Esta forma de retroalimentación puede ser percibida como insuficiente por quienes buscan un mayor apoyo en su proceso de aprendizaje.

En este tipo de tutoría, se remarcan más los requisitos a cumplir para superar la formación, sin tener en cuenta aspectos como la participación o la interacción entre alumnado y tutor/a, o del alumnado entre ellos/as mismos/as. El enfoque está en el cumplimiento de criterios específicos y objetivos, dejando en segundo plano la importancia de la colaboración y el intercambio de ideas, que son elementos clave en otros modelos de formación más interactivos.

Aunque este modelo puede ser eficaz para ciertos contextos formativos, es importante considerar sus limitaciones y buscar un equilibrio que también fomente la interacción y el apoyo personalizado cuando sea necesario.

Figura 2.29. Rol de tutoría *online*.

2.5. Formación tutorizada bidireccional

En este otro tipo de tutoría, encontramos más semejanzas con el enfoque formativo que estamos desarrollando habitualmente en nuestros cursos, y con la propia formación que hemos podido realizar personalmente como alumnos/as a lo largo de nuestra vida.

> Este enfoque pone un énfasis considerable en los procesos de comunicación y en la interacción activa, creando un entorno formativo más dinámico y participativo.

Este tipo de tutoría implica una elevada importancia a los procesos de comunicación en la plataforma. La interacción constante y significativa entre tutor/a y alumnado es fundamental para crear un ambiente de aprendizaje enriquecedor y motivador.

Se utilizan las herramientas de comunicación síncrona y asíncrona que se han generado en la propia plataforma.

Las herramientas de comunicación síncrona, como chats en tiempo real y videoconferencias, permiten una interacción inmediata y directa, facilitando la resolución de dudas y la discusión de conceptos en tiempo real.

Por otro lado, las herramientas de comunicación asíncrona, como foros de discusión y correos electrónicos, proporcionan un espacio donde el alumnado puede reflexionar y responder a su propio ritmo, fomentando una comprensión más profunda y pausada de los contenidos.

Figura 2.30. Tutorización *online*.

Se fomenta el uso de estas herramientas de comunicación en la plataforma. Al promover activamente la participación en estos espacios, se facilita una mayor interacción entre el alumnado y entre alumnado y tutor/a, creando una comunidad de aprendizaje colaborativa y solidaria.

También se promueve la participación activa del alumnado en las actividades grupales y comunicativas que se desarrollan en la plataforma. La colaboración en proyectos y discusiones grupales no solo enriquece el aprendizaje, sino que también desarrolla habilidades importantes como el trabajo en equipo y la comunicación efectiva.

Se establecen espacios interactivos de encuentro dentro de la plataforma, tales como chats comunitarios o videoconferencias programadas. Estos espacios proporcionan oportunidades regulares para que el alumnado se conecte y comparta experiencias, promoviendo un sentido de pertenencia y apoyo mutuo dentro de la comunidad formativa.

Por parte del/la tutor/a, se realiza un acompañamiento y seguimiento del proceso de aprendizaje de cada alumno/a y se comenta con él/ella. Este seguimiento personalizado permite a cada estudiante recibir el apoyo necesario para superar dificultades y aprovechar al máximo su experiencia formativa.

Se ofrece un servicio de asistencia tutorial para la resolución de dudas o aclaración de conceptos. Este servicio cuenta con los recursos comunicativos de la plataforma, como chat, correo, foro y videoconferencias, y también con el soporte (si es necesario) de llamadas telefónicas individuales. Este enfoque garantiza que el alumnado tenga múltiples vías para acceder a la ayuda y al apoyo que necesite.

Figura 2.31. Espacios de comunicación.

El *feedback* que se proporciona al alumnado con respecto a sus actividades, ejercicios y evaluaciones ha de ser suficiente para que cada persona entienda cuáles han sido sus aciertos, fallos y mejoras posibles en su trabajo dentro de la plataforma.

Un *feedback* detallado, personalizado y constructivo es esencial para el crecimiento y desarrollo del alumnado, ayudándole a identificar áreas de mejora y consolidar sus conocimientos.

El seguimiento que se hace del alumnado es individual y personalizado, enviando mensajes de recordatorio, apoyo y ayuda a cada persona en función de sus necesidades, para que no pierda la oportunidad de finalizar adecuadamente su formación.

Este seguimiento personalizado asegura que cada estudiante se sienta apoyado/a y motivado/a para alcanzar sus objetivos formativos.

Figura 2.32. Ir más allá de la pantalla.

2.6. Formación tutorizada cooperativa

En el contexto de la **formación tutorizada cooperativa**, nos referimos a la aplicación de un método de enseñanza-aprendizaje orientado a la creación de grupos de estudiantes que colaboran de manera coordinada hacia metas compartidas. Este enfoque promueve la cooperación como estrategia fundamental, donde el objetivo es trabajar conjuntamente para alcanzar logros que beneficien tanto a las personas individuales, como al grupo en su conjunto.

En este sentido, la cooperación se define como la acción concertada de personas que buscan alcanzar metas comunes, manteniendo siempre presente la guía y participación activa de la figura del/la tutor/a. Es crucial que, a pesar de la colaboración entre pares, el/la tutor/a continúe desempeñando un papel central en la facilitación y dirección del proceso educativo.

Cuando se implementa de manera organizada y con un diseño adecuado, este enfoque puede ser altamente efectivo para fomentar el proceso de formación y aprendizaje que se está abordando.

La interacción entre los/as estudiantes, guiada por el/la tutor/a no solo fortalece el aprendizaje colaborativo, sino que también potencia la capacidad de los participantes para resolver problemas de manera conjunta y para alcanzar un entendimiento más profundo de los contenidos.

Figura 2.33. Tutorización *e-learning*.

¿Qué implica este tipo de tutorización?

La tutorización en este formato implica una serie de prácticas y principios que buscan fomentar el aprendizaje colaborativo y la participación equitativa dentro de un entorno educativo virtual.

En este sentido, destacan varios aspectos clave:

- En primer lugar, el trabajo individual en la plataforma no se limita a la labor personal; es fundamental participar en actividades y ejercicios grupales donde cada persona contribuya activamente en su elaboración.

  Esto promueve no solo el intercambio de ideas, sino también el desarrollo de habilidades de trabajo en equipo.

- El papel del/la tutor/a es esencial, ya que deben conocer a fondo al grupo para organizar de manera cooperativa cualquier tarea planteada en la plataforma.

  Esto implica tener en cuenta el conocimiento y las habilidades de cada miembro del grupo para configurar equipos de trabajo equilibrados y efectivos.

- Los grupos de trabajo cooperativo se establecen con flexibilidad, permitiendo ajustes según las necesidades y dinámicas del proceso formativo.

  Esto facilita la adaptación a diferentes contextos y temas de estudio, asegurando que todos los participantes tengan la oportunidad de contribuir de manera significativa.

- Se debe fomentar la participación activa de todos los integrantes de cada grupo, evitando que unas pocas personas asuman la mayor parte del trabajo mientras otros se desvinculan.

  La idea es que cada persona aporte y participe de manera colaborativa en el desarrollo de las actividades asignadas.

- Se establecen canales de comunicación específicos para cada grupo de trabajo, facilitando un acceso directo y libre a la información y recursos necesarios para la realización de las tareas.

  Esto promueve una comunicación fluida y efectiva entre los miembros del grupo.

- Se realiza un seguimiento continuo de los grupos para identificar posibles dificultades y proporcionar ayuda o soporte según sea necesario.

  Es importante que este seguimiento se realice de manera que respete la autonomía del grupo, permitiendo que sus decisiones prevalezcan en la medida de lo posible, salvo cuando sea evidente la necesidad de orientación adicional por parte del/la tutor/a.

Y aunque en este tipo de tutorización se enfatiza la comunicación y el seguimiento grupal, también se mantiene la comunicación individual con cada estudiante para abordar necesidades específicas y garantizar un acompañamiento personalizado a lo largo del proceso formativo.

Figura 2.34. Certificados *online*.

Por tanto, la formación tutorizada cooperativa representa un enfoque educativo dinámico y participativo, donde el aprendizaje se construye a través de la colaboración activa entre estudiantes bajo la guía facilitadora del/la tutor/a.

En este modelo, se privilegia la creación de grupos de trabajo que trabajan de manera coordinada hacia metas comunes, fomentando así el desarrollo de habilidades sociales y cognitivas fundamentales para la persona en cualquier momento de su vida.

> En este proceso, la idea de cooperación como estrategia pedagógica es básica.

Esto implica que cada integrante del grupo no solo contribuya con sus conocimientos y habilidades individuales, sino que también se comprometa con el éxito colectivo, compartiendo responsabilidades y aprendiendo a trabajar en equipo de manera efectiva.

El/la tutor/a, como guía experto/a, desempeña un rol esencial al conocer a fondo las dinámicas grupales y facilitar un ambiente de aprendizaje que motive la participación equitativa y el intercambio constructivo de ideas.

Los grupos de trabajo cooperativo no son estáticos; se forman y reformulan según las necesidades y objetivos de cada proyecto o asignatura, promoviendo así la flexibilidad y adaptabilidad necesarias para abordar diferentes temas y contextos educativos.

Cada grupo cuenta con canales de comunicación específicos que permiten el libre acceso a recursos y la interacción constante entre sus miembros, facilitando un aprendizaje colaborativo enriquecido por la diversidad de perspectivas y experiencias.

Figura 2.35. Tutorización cooperativa.

Es fundamental que todas las personas participantes se sientan no solo incluidas, sino también valoradas por sus contribuciones individuales al grupo. Se busca evitar la dominancia de unos pocos y fomentar la participación activa de todos, asegurando así un ambiente de aprendizaje equitativo y enriquecedor para cada persona involucrada.

El seguimiento por parte del/la tutor/a se realiza con el objetivo de detectar posibles dificultades o necesidades de apoyo, siempre respetando la autonomía del grupo en la toma de decisiones. Esto se combina con una comunicación continua tanto grupal como individual, garantizando un acompañamiento personalizado que atiende las particularidades de cada estudiante dentro del proceso formativo.

2.7. Formación en grupos de aprendizaje

En el contexto de la formación *online*, la implementación efectiva de grupos de aprendizaje representa un desafío significativo debido a la percepción inicial de aislamiento que experimentan muchos estudiantes al acceder individualmente desde sus propios equipos. Esta sensación de ser una isla en el proceso educativo ha sido históricamente una barrera importante para la participación sostenida y el éxito en la formación virtual.

La sensación de aislamiento en la formación *online* ha sido durante mucho tiempo un obstáculo significativo para muchos estudiantes. Acceder a la educación desde sus propios dispositivos, en entornos virtuales aparentemente solitarios, ha generado una percepción de desconexión y falta de comunidad que puede afectar profundamente la motivación y el compromiso educativo.

Figura 2.36. El riesgo de aislamiento.

En el contexto educativo digital actual, esta sensación de ser una isla en el proceso de aprendizaje puede abordarse y superarse con eficacia gracias a los avances tecnológicos y estrategias pedagógicas innovadoras. Las plataformas de formación *online* no solo ofrecen acceso a recursos académicos, sino que también integran herramientas de comunicación síncronas y asíncronas que facilitan la interacción entre estudiantes y tutores/as. Estas herramientas permiten establecer conexiones significativas y colaborativas, esenciales para contrarrestar el aislamiento percibido y fomentar un sentido de comunidad educativa vibrante y enriquecedor.

Para reducir esta sensación inicial de soledad, es **fundamental** que los formadores/as y diseñadores/as de cursos utilicen estas herramientas de manera estratégica. Crear espacios virtuales donde los/as estudiantes puedan interactuar, debatir ideas y colaborar en proyectos fortalece el sentido de pertenencia y compromiso con el aprendizaje.

La participación activa en discusiones grupales, foros de debate y sesiones de trabajo colaborativo no solo enriquece la experiencia educativa, sino que también promueve el desarrollo de habilidades sociales y de resolución de problemas en un contexto digital.

Además, es necesario que los/as estudiantes reciban orientación y apoyo constante por parte de los/as tutores/as del curso. Establecer una comunicación abierta y accesible a través de canales específicos de interacción permite a los/as estudiantes sentirse respaldados y conectados, reduciendo así la sensación de aislamiento y aumentando la confianza en su capacidad para participar activamente en el proceso formativo.

El aprendizaje colaborativo, donde los/as estudiantes trabajan juntos/as hacia metas comunes, también desempeña un papel relevante en la superación del aislamiento en la formación *online*. Al participar en actividades cooperativas y proyectos grupales, los/as estudiantes no solo mejoran sus habilidades de trabajo en equipo, sino que también experimentan un sentido compartido de logro y pertenencia a una comunidad de aprendizaje dinámica y colaborativa.

Figura 2.37. Alumnos colaborando.

Sin embargo, gracias al avance tecnológico y a la disponibilidad de herramientas de comunicación síncronas y asíncronas en las plataformas de formación *online*, ahora es posible superar esta barrera. Estas herramientas permiten la interacción en tiempo real y la colaboración entre los/as participantes, creando espacios virtuales donde los grupos de aprendizaje pueden florecer de manera orgánica y efectiva.

Es esencial que tanto los/as formadores/as como los/as estudiantes se familiaricen y utilicen activamente estas herramientas de comunicación para facilitar la participación y la interacción dentro de los grupos.

Esto implica no solo proporcionar el acceso a estas plataformas, sino también capacitar a todas las personas involucradas en su uso efectivo, asegurando así que se aprovechen al máximo las oportunidades de aprendizaje colaborativo que ofrecen.

El aprendizaje grupal en entornos virtuales se asemeja al aprendizaje cooperativo, donde la colaboración entre iguales es fundamental para el desarrollo académico y personal de los/as estudiantes.

Al integrar actividades cooperativas en la plataforma de formación, se facilita la transición hacia un aprendizaje grupal más natural y comprensible para los alumnos, promoviendo una mayor participación y un entendimiento más profundo de los contenidos.

Figura 2.38. Comunicación entre alumnado.

Cuando nos adentramos en la dinámica de trabajar en grupos de aprendizaje en entornos formativos *online*, no solo buscamos la colaboración en la ejecución de tareas, sino también la creación de espacios de conocimiento y participación donde los/as estudiantes puedan compartir experiencias.

Este enfoque es especialmente significativo en la formación de especialidades formativas, donde los participantes suelen pertenecer a familias profesionales similares, lo que facilita el intercambio y enriquecimiento mutuo basado en las experiencias acumuladas a lo largo de sus trayectorias laborales.

La integración de herramientas de comunicación y participación en las plataformas educativas es crucial para fomentar este tipo de interacción entre los/as estudiantes. Estos espacios no solo permiten la retroalimentación por parte de los/as tutores/as, sino también la colaboración entre compañeros y compañeras de grupo, quienes pueden poner en práctica estrategias y técnicas aprendidas tanto dentro del entorno virtual como en sus contextos profesionales.

Este enfoque no solo fortalece el sentimiento de pertenencia de los/as estudiantes dentro del grupo, sino que también promueve la autoafirmación individual al participar activamente en la construcción colectiva del conocimiento.

> Abordar el sentimiento de soledad inherente a la formación a distancia es crucial, y estas interacciones grupales juegan un papel fundamental en mitigarlo.

En la práctica, los/as estudiantes no solo reciben orientación y comunicación unidireccional de parte de los/as tutores/as, sino que también se involucran activamente en procesos de aprendizaje mutuo.

La tecnología moderna nos proporciona las herramientas necesarias para facilitar esta interacción, pero es responsabilidad de los/as tutores/as *online* diseñar y estructurar estos espacios de manera efectiva.

Esto implica no solo la configuración técnica de las plataformas, sino también la creación de un ambiente de confianza y colaboración donde todas las personas participantes se sientan motivadas y empoderadas para contribuir al aprendizaje colectivo.

Es esencial reconocer que, en un entorno virtual, la conexión emocional y la sensación de comunidad se construyen a través de la interacción significativa entre los/as estudiantes. Los espacios de comunicación no solo deben ser accesibles, sino también estimulantes y acogedores, fomentando un diálogo constructivo y un intercambio enriquecedor de perspectivas y conocimientos.

Para alcanzar estos objetivos, es necesario que los/as tutores/as *online* adopten roles de facilitadores activos, guiando las discusiones, moderando los debates y promoviendo la participación equitativa.

Esto no solo mejora la experiencia formativa de los/as estudiantes, sino que también refuerza las habilidades de colaboración y comunicación necesarias en un mundo laboral cada vez más interconectado y colaborativo.

Figura 2.39. Comunicación en la formación.

2.8. Aspectos críticos en el *e-learning:* contenidos, docentes y alumnado

En el ámbito del *e-learning*, existen aspectos críticos que merecen atención tanto en el diseño como en la ejecución de los cursos: contenidos, docentes y alumnado. Aunque esta modalidad de formación ofrece oportunidades sin precedentes para el crecimiento y desarrollo personal y profesional de adultos, también presenta desafíos inherentes que deben ser abordados para garantizar su efectividad.

Los contenidos educativos en plataformas *e-learning* juegan un papel fundamental en la experiencia de aprendizaje. Estos tienen que ser relevantes, actualizados y adecuados al nivel de los/as participantes.

Además, deben estar estructurados de manera clara y coherente para facilitar la comprensión y el proceso de aprendizaje autónomo. La calidad de los contenidos determina en gran medida la efectividad del curso y la satisfacción del alumnado.

Los/as docentes que facilitan el aprendizaje *online* desempeñan un rol principal como guías y facilitadores/as del conocimiento. Es fundamental que estén capacitados/as en el uso de tecnologías educativas y en metodologías pedagógicas adaptadas al entorno virtual.

La interacción efectiva con los/as estudiantes, la claridad en las explicaciones y la disponibilidad para resolver dudas y proporcionar retroalimentación son aspectos clave que influyen directamente en la experiencia educativa y en el rendimiento académico de los/as alumnos/as.

Figura 2.40. Experiencia formativa.

Por otro lado, el alumnado en la formación *e-learning* debe contar con competencias digitales básicas y una autodisciplina adecuada para gestionar su propio aprendizaje de manera efectiva.

La motivación intrínseca juega un papel crucial, ya que el aprendizaje autónomo requiere compromiso y constancia por parte de los/as estudiantes para completar las actividades y alcanzar los objetivos del curso. Es fundamental que los/as estudiantes sean proactivos/as en su participación y aprovechen al máximo los recursos disponibles en la plataforma.

¡OJO! Internet no es infalible. Los recursos tecnológicos tampoco. Y las personas que los utilizamos, también cometemos fallos. Por lo tanto, no confiemos ciegamente en el recurso para que haga milagros o funcione por sí solo. Seguimos siendo piezas fundamentales en el desarrollo de los procesos de enseñanzaaprendizaje, se desarrollen en la modalidad que se desarrollen. (Así que no te relajes formador/a, que todavía tienes tareas que hacer).

Problemas técnicos, como fallos en la conexión o en las plataformas, pueden afectar la continuidad del aprendizaje. Por lo tanto, es necesario contar con planes de contingencia y ofrecer soporte técnico adecuado para minimizar estas interrupciones y asegurar una experiencia formativa fluida.

El éxito en la formación *e-learning* depende de la atención cuidadosa a estos aspectos críticos: la calidad de los contenidos educativos, la capacitación y habilidades pedagógicas de los/as docentes, y la motivación y competencias digitales del alumnado.

Al abordar estos desafíos de manera efectiva, podemos optimizar la experiencia de aprendizaje *online* y aprovechar al máximo las oportunidades que ofrece la educación digital en el siglo xxi.

Figura 2.41. Una gran herramienta.

Los **aspectos críticos** más relevantes en la actualidad serían todos los elementos que rodean a los contenidos, a los/as docentes y al alumnado.

Vayamos viendo cada uno de ellos por separado.

EL ALUMNADO

En los inicios del aprendizaje a distancia, hoy conocido como formación *online* o *e-learning*, toda la responsabilidad de completar un curso recaía exclusivamente sobre el alumno o la alumna.

Se enfrentaban a la tarea de organizarse por completo, sin ningún tipo de acompañamiento. En aquel momento, la formación a distancia se caracterizaba más por un enfoque empresarial que educativo.

Los centros simplemente proporcionaban materiales de estudio con la mentalidad de «si quieres aprender, aquí están los recursos; el resto depende de ti».

Esta perspectiva empresarial prevalecía sobre el interés genuino en facilitar el proceso de aprendizaje para los/as estudiantes. El enfoque estaba en vender cursos más que en asegurar un entorno educativo efectivo y de apoyo. Esta falta de acompañamiento y orientación daba como resultado altas tasas de abandono entre los/as estudiantes, no por falta de interés en el contenido, sino debido al sentimiento abrumador de soledad y a la dificultad para obtener clarificación sobre dudas o inquietudes académicas.

Figura 2.42. Formación individual y autónoma.

Con el tiempo, especialmente con el desarrollo de materiales más estructurados y accesibles, y con el surgimiento de instituciones como la UNED en España, se comenzó a reconocer la necesidad de incorporar figuras de apoyo que pudieran guiar el aprendizaje de los/as estudiantes en la formación a distancia. Esta evolución fue crucial para mejorar la experiencia educativa y reducir las tasas de abandono.

Afortunadamente, los/as diseñadores/as y organizadores/as de programas de formación a distancia comenzaron a entender la diversidad del alumnado en esta modalidad.

> Reconocieron que los/as estudiantes no son homogéneos; cada uno/a tiene motivaciones y necesidades únicas.
>
> Esta diversidad no solo no limita el crecimiento del *e-learning*, sino que lo enriquece enormemente.

Las personas adultas que optan por la formación *online* lo hacen por una variedad de razones:

■ Desarrollo profesional.

■ Intereses personales.

■ Mejorar sus habilidades para el currículum.

■ Muchas otras razones que solo ellos/as saben en el momento de apuntarse a una acción formativa.

Esta amplitud de motivaciones genera una cantidad elevada de variables no controladas para los/as formadores/as y tutores/as, que hace que el perfil del alumnado enriquezca la comunidad educativa *online* con diversas perspectivas y experiencias.

Figura 2.43. Una inmensa gama de posibilidades.

Las nuevas tecnologías y las plataformas *online* han democratizado el acceso a la educación y la formación, permitiendo que cualquier persona pueda buscar y adquirir conocimientos específicos o generales en cualquier momento y lugar.

Este avance es notable y merece una reflexión profunda sobre el impacto positivo que ha tenido en la sociedad moderna. A pesar de que la integración de la tecnología en nuestras vidas ha sido rápida y casi imperceptible, tenemos que reconocer y valorar los avances significativos logrados en este sector educativo.

Aun así, a pesar de todos estos avances, debemos seguir pendientes de los dos principales motivos por los que el alumnado puede considerar abandonar sus procesos de formación *online*:

- **El primero de ellos es el aislamiento**. Cuando los/as estudiantes no reciben un adecuado seguimiento tutorizado o la tutorización es percibida como insuficiente, pueden experimentar una sensación de desconexión y falta de apoyo.

  Este factor contribuye significativamente a la desmotivación para continuar con el estudio, resultando en una alta tasa de abandono de los cursos. Se deben implementar estrategias efectivas de tutorización que no solo guíen académicamente, sino que también brinden apoyo emocional y motivacional a los/as estudiantes a lo largo de su proceso de aprendizaje.

- **El segundo motivo frecuente es la falta de destreza frente a las nuevas tecnologías**. A pesar de que la digitalización ha facilitado el acceso a la educación, algunas personas pueden enfrentar dificultades para navegar y utilizar plataformas de formación *online* debido a su complejidad o a la falta de familiaridad con las tecnologías digitales.

  Para abordar este desafío, es fundamental diseñar plataformas educativas intuitivas, accesibles y fácilmente navegables, incluso para aquellos con habilidades limitadas en tecnología. Esto implica una interfaz amigable, instrucciones claras y herramientas de soporte que permitan a los/as estudiantes concentrarse en el contenido del curso sin distraerse por las barreras tecnológicas.

Además, es esencial ofrecer recursos de capacitación y apoyo técnico continuo para que los/as estudiantes puedan adquirir y mejorar sus habilidades digitales a lo largo del curso.

La inclusión de tutoriales, vídeos explicativos y sesiones de entrenamiento puede ser clave para aumentar la confianza y la competencia tecnológica de los/as estudiantes, asegurando así una experiencia educativa más fluida y gratificante.

Figura 2.44. Videotutoriales.

LOS CONTENIDOS

Aunque tuviéramos las mejores plataformas *online* del mundo y el alumnado más comprometido, todo esto sería en vano si los contenidos que ofrecemos son inútiles, están obsoletos o no han sido elaborados por personas expertas en los temas que se van a tratar y con habilidades comunicativas suficientes para transmitir la información de forma adecuada.

Si solo necesitamos información sobre un tema, no hace falta una plataforma de formación ni apuntarse a ningún tipo de curso. Con una conexión a Internet y un motor de búsqueda, podríamos solucionar este problema en menos de cinco segundos.

Sin embargo, cuando hablamos de formación, nos referimos a un proceso más profundo y estructurado que requiere contenidos válidos y fiables tanto en el ámbito teórico como práctico. Por ello, **la revisión continua de los contenidos debe ser una práctica habitual desde el inicio de cada acción formativa**.

Como tutores y tutoras *online,* incluso siendo profesionales de la materia que se va a trabajar durante el curso, debemos revisar el contenido teórico que se presenta al alumnado dentro de la plataforma.

En primer lugar, para saber qué es lo que van a estudiar y, en segundo lugar, para realizar una revisión profesional que detecte posibles erratas, fallos, datos obsoletos, enlaces que no funcionen o estén caducados, o áreas que requieran ampliación para proporcionar una experiencia formativa completa y precisa.

Además, es fundamental entender que **no todas las materias ni todos los contenidos son adecuados para desarrollarse en modalidad *e-learning***. Aunque la oferta de formación *online* sea amplia y variada, no siempre es la opción más adecuada para ciertos temas.

El hecho de que existan microformaciones *online* no valida necesariamente su calidad ni su adecuación a procesos formativos más estructurados, como los que desarrollamos en la Formación Profesional para el Empleo. En este sector, trabajamos con reales decretos y programas formativos que establecen los objetivos, contenidos, prácticas y procedimientos que deben alcanzarse a lo largo del proceso formativo.

Figura 2.45. Revisión de contenidos.

Por lo tanto, debemos centrarnos en nuestro trabajo y participar activamente en la revisión de las plataformas en las que trabajamos para asegurarnos de que cumplen con los estándares planteados en la normativa vigente. Esta tarea implica una dedicación constante y meticulosa para garantizar que los recursos educativos que ofrecemos sean de la más alta calidad posible.

Es esencial ser sumamente cuidadosos/as a la hora de elaborar o utilizar contenidos teóricos en nuestras plataformas. Al proporcionar recursos válidos a nuestros grupos de alumnos y alumnas, pueden sentir y ver nuestro compromiso.

> Cuando los/as estudiantes perciben que los contenidos han sido revisados, corregidos y ampliados por sus tutores/as, se sienten más acompañados y valorados, lo que contribuye a una experiencia de aprendizaje más enriquecedora y motivadora.

Además del hecho de que queda terriblemente mal que nos hagan una consulta sobre el contenido de la plataforma y no sepamos de qué nos están hablando. Cuidado con estas cosas.

La calidad de los contenidos no solo se mide por su precisión y actualidad, sino también por su relevancia y aplicabilidad en el contexto práctico del alumnado. Es necesario que los materiales formativos estén diseñados para fomentar la comprensión profunda y el desarrollo de habilidades prácticas que puedan ser aplicadas en situaciones reales. Esto no solo mejora la retención del conocimiento, sino que también incrementa la confianza del alumnado en su capacidad para aplicar lo aprendido en su entorno laboral o personal.

Figura 2.46. Revisión de plataformas.

Además, debemos considerar la diversidad del alumnado en términos de sus experiencias previas, niveles de conocimiento y estilos de aprendizaje. Esto requiere un enfoque flexible y adaptable en la creación y presentación de los contenidos, utilizando una variedad de recursos y métodos didácticos para atender las diferentes necesidades y preferencias de los/as estudiantes.

La inclusión de recursos multimedia, como vídeos, simulaciones, infografías y actividades interactivas, puede enriquecer la experiencia de aprendizaje y facilitar la comprensión de conceptos complejos.

El *feedback* constante y constructivo es otro elemento crucial en el proceso de formación *online*. Los/as tutores/as deben estar disponibles para responder a las preguntas, aclarar dudas y proporcionar orientación personalizada a cada estudiante. Este apoyo continuo no solo ayuda a resolver problemas específicos, sino que también fortalece la relación entre el alumnado y el personal docente, creando un entorno de aprendizaje más colaborativo y satisfactorio.

Se debe fomentar la participación activa y la colaboración entre los/as estudiantes. El aprendizaje no es un proceso aislado, sino una actividad social que se enriquece a través del intercambio de ideas y experiencias. La creación de espacios virtuales de discusión, grupos de trabajo y proyectos colaborativos puede facilitar este intercambio y contribuir a un aprendizaje más dinámico y significativo.

Figura 2.47. Tutoría responsable.

LOS/AS DOCENTES

Ya hemos visto en apartados anteriores de este manual que la figura del/la tutor/a *online* es tan fundamental como el del/la alumno/a.

En esta modalidad de formación, la relevancia del tutor/a puede ser incluso mayor, dado que es la persona que puede influir directamente en la percepción que cada alumno/a tenga sobre la plataforma y el trabajo que se ha de realizar para conseguir los objetivos de la formación.

No se trata de responsabilizar a los/as docentes del éxito total de un curso *online*, pero sí que se les debe otorgar la importancia real que tienen. A fin de cuentas, van a ser el nexo real de unión entre el alumnado y el centro de formación, así que deberían interesarse más por esta parte de su trabajo habitual en plataformas.

Figura 2.48. Tutorización y docencia.

El hecho de ser un/a tutor/a *online* no impide que se desarrollen muchas de las habilidades docentes que se dan en una formación presencial. Hay que aprender a adaptarlas y aplicarlas en el formato de las nuevas tecnologías, pero es cierto que se agradece y se reconoce mucho más por parte del alumnado que esa figura sea real y esté presente. Al igual que en la formación presencial, no solo hay que tener conocimientos de la materia que se está impartiendo, sino que, en este caso, hay que tener también conocimientos tecnológicos e informáticos suficientes como para manejar correctamente la plataforma y las posibles complicaciones que puedan surgir durante la formación.

Siempre vamos a contar con un servicio de atención al usuario de la plataforma, compuesto por informáticos/as cualificados, pero dentro de nuestra función tutorial, también está el que conozcamos y sepamos manejar la plataforma lo suficientemente bien como para poder atender y resolver los pequeños problemas técnicos habituales a los que se enfrenta el alumnado que no tiene mucha experiencia con el uso de plataformas a través de Internet.

Por lo tanto, se hace necesario que los/as docentes que trabajen en formación *e-learning* se formen a su vez en el uso y manejo de estas plataformas para poder responder a las necesidades de sus grupos de alumnos/as. **Y, sobre todo, que no rechacen el uso de las nuevas tecnologías como herramienta para que se reproduzca el proceso de enseñanza-aprendizaje** en una modalidad diferente a la formación presencial, porque ya se ha demostrado en multitud de ocasiones que se puede conseguir y que genera la misma satisfacción en el alumnado que en una modalidad presencial.

> El rol de tutor/a *online* no solo incluye la transmisión de conocimientos y la facilitación del aprendizaje, sino también el apoyo emocional y motivacional.

En la formación *online*, los/as estudiantes pueden sentirse aislados y desmotivados, como hemos explicado anteriormente, si no perciben un apoyo constante y cercano. Por

Figura 2.49. Acompañamiento al alumnado.

eso, es esencial que los/as tutores/as estén disponibles para responder preguntas, brindar retroalimentación constructiva y ofrecer palabras de aliento. Este acompañamiento continuo puede marcar una gran diferencia en la experiencia educativa del alumnado y en su perseverancia para completar el curso.

Además, los/as tutores/as *online* deben ser proactivos en la creación de un entorno de aprendizaje inclusivo y dinámico. Esto incluye la organización de actividades interactivas, como foros de discusión, seminarios web y trabajos colaborativos, que fomenten la participación activa y el intercambio de ideas entre los/as estudiantes. De esta manera, se puede crear una comunidad de aprendizaje en la que el alumnado se sienta parte de un grupo, lo que puede reducir la sensación de aislamiento y aumentar la motivación.

Otra faceta importante del rol de los/as tutores/as *online* es la evaluación continua y la personalización del aprendizaje. Tienen que utilizar herramientas de seguimiento y análisis a disposición de todos/as ellos/as en las plataformas, para monitorizar el progreso de cada estudiante y adaptar el contenido y las actividades a sus necesidades y ritmos de aprendizaje. Esto no solo ayuda a identificar y solucionar problemas de manera temprana, sino que también permite ofrecer una formación más personalizada y efectiva.

La formación continua de los/as tutores/as en nuevas tecnologías y metodologías de enseñanza *online* es fundamental para mantenerse al día con las innovaciones y mejorar constantemente la calidad de la formación que ofrecen. Participar en cursos de actualización, seminarios y talleres especializados en *e-learning* puede proporcionarles las habilidades y conocimientos necesarios para enfrentar los desafíos y aprovechar las oportunidades que ofrece la formación *online*.

La tecnología también ha facilitado la implementación de estrategias de gamificación en la educación *online*, lo que puede hacer que el aprendizaje sea más atractivo y motivador para los/as estudiantes. Incorporar elementos de juego, como puntos, insignias y desafíos en los cursos puede incentivar la participación y el compromiso del alumnado, transformando el proceso de aprendizaje en una experiencia más lúdica y gratificante.

Figura 2.50. Actualización tecnológica.

En un mundo en constante cambio desde el punto de vista tecnológico, la capacidad de adaptarse y aprender nuevas habilidades en este campo es casi prioritaria. Al promover la curiosidad intelectual y el deseo de aprender, los/as docentes pueden ayudar a sus estudiantes a convertirse en aprendices autónomos/as y proactivos/as, capaces de enfrentar los retos del futuro con confianza y competencia.

La formación *online*, cuando se implementa correctamente, puede ser tan efectiva y satisfactoria como la formación presencial, proporcionando a los/as estudiantes las herramientas y el apoyo necesarios para alcanzar sus objetivos educativos y profesionales.

Figura 2.51. Todos los recursos posibles.

2.9. Aspectos clave de comunicación en el desarrollo del curso

Como ya sabemos, los procesos de comunicación en un entorno de formación *e-learning* se producen utilizando las herramientas de comunicación que tenemos a nuestra disposición en la plataforma del curso.

> Excepto en uno de los recursos disponibles, todos los procesos comunicativos en las plataformas de formación utilizan la comunicación escrita.

Estas herramientas de comunicación son digitales y nos permiten reproducir procesos de comunicación síncrona o asíncrona en función de cuál sea la que utilicemos.

© Ediciones Paraninfo

Las herramientas de comunicación principales que vamos a encontrar en cualquier plataforma de formación *online* son las siguientes:

- Correo electrónico.

- Foros.

- Chat.

- Mensajería instantánea.

Estas herramientas han estado presentes desde prácticamente la aparición de la formación *online*. Sin embargo, de las cuatro, han sido el chat y la mensajería instantánea las que más han tardado en incorporarse de forma habitual, dado que generaban algunos problemas técnicos en la configuración de los recursos de las plataformas.

Figura 2.52. Comunicación en plataforma.

El correo electrónico ha sido la herramienta de comunicación más utilizada y la más promovida para establecer procesos de comunicación individual con cada alumno/a por parte del/la tutor/a del curso. Esto ha supuesto que se dedicase una especial atención a la forma de utilizar el lenguaje en los correos, ya que es fundamental que el grupo de alumnos/as reciba y entienda correctamente la información que se les transmite a través de ellos.

De ahí que se lleven ya varios años cuidando y mejorando la forma en la que elaboramos nuestra comunicación escrita. Es importante que practiquemos y nos entrenemos en expresarnos cada vez mejor en comunicación escrita.

Excepto el chat y la mensajería instantánea, las otras herramientas (foro y correo) son asíncronas. Es decir, nos comunicamos con otra persona o personas, pero en modo diferido.

Los mensajes que enviamos al correo o al foro no tienen por qué ser leídos en ese mismo momento, por tanto, no deberíamos utilizar estas herramientas cuando el mensaje que tengamos que enviar sea urgente o necesitemos una respuesta inmediata por parte del/la alumno/a o del grupo al completo.

En el chat utilizamos una herramienta síncrona, ya que todas las personas que estén conectadas al mismo tiempo en dicha sala podremos interactuar escribiendo mensajes instantáneos que serán recibidos por todas ellas. La mensajería instantánea, a pesar de denominarse de esta forma, es permanente en el tiempo. Es decir, podemos escribir a un/a alumno/a a través de esta herramienta, pero no tiene por qué respondernos en ese mismo momento si no está conectado/a a la plataforma. Sin embargo, el mensaje no desaparece tal y como sí ocurre con los chats.

El mensaje se queda grabado en la plataforma para que ese/a alumno/a pueda consultarlo desde su cuenta personal cuando acceda a la plataforma de formación. Por ese motivo, podemos incluirla tanto como herramienta síncrona como asíncrona al mismo tiempo.

Figura 2.53. Comunicación escrita en plataforma.

El correo electrónico es una herramienta esencial para la comunicación personalizada en la formación *online*. Permite a los/as tutores/as enviar mensajes detallados y específicos a cada estudiante, abordando sus dudas y proporcionando retroalimentación individualizada. Sin embargo, es importante que los mensajes de correo electrónico sean claros, concisos y estén bien estructurados para evitar malentendidos. Además, la respuesta oportuna a los correos electrónicos es fundamental para mantener la motivación y el compromiso del alumnado.

Los foros, por otro lado, son espacios ideales para la discusión y el intercambio de ideas entre los/as estudiantes y los/as tutores/as. Fomentan la colaboración y el aprendizaje comunitario, permitiendo que los/as estudiantes compartan sus puntos de vista y aprendan unos/as de otros/as. Los foros pueden estar organizados por temas o unidades del curso, lo que facilita la búsqueda de información relevante y la participación en discusiones específicas. Es importante que los/as tutores/as moderen activamente los foros para asegurar que las discusiones se mantengan relevantes y respetuosas, y para intervenir cuando sea necesario.

El chat y la mensajería instantánea han revolucionado la comunicación en la formación *online* al permitir interacciones en tiempo real. Estas herramientas son particularmente útiles para aclarar dudas rápidas y para fomentar la sensación de presencia y comunidad en el entorno virtual. Sin embargo, es importante establecer normas claras sobre el uso del chat para evitar el caos y asegurar que las conversaciones sean productivas y respetuosas. Por ejemplo, se pueden programar sesiones de chat en horarios específicos para discutir temas particulares o resolver dudas comunes.

Figura 2.54. Comunicación por *mail*.

La mensajería instantánea combina las ventajas de la comunicación síncrona y asíncrona. Permite a los/as estudiantes enviar mensajes en cualquier momento, sabiendo que el/la tutor/a los recibirá y responderá tan pronto como sea posible. Esta herramienta es muy útil para mantener una comunicación continua y fluida, especialmente para aquellos/as estudiantes que pueden tener horarios irregulares o que no pueden participar en sesiones de chat programadas.

Además de estas herramientas, es importante considerar la integración de otros recursos tecnológicos que pueden mejorar la comunicación y el aprendizaje en la formación *online*. Por ejemplo, las videoconferencias permiten una comunicación más personal y directa, similar a una clase presencial. Las plataformas de videoconferencia pueden ser utilizadas para clases en vivo, sesiones de tutoría y reuniones grupales. Es fundamental que los/as tutores/as estén familiarizados con estas herramientas y sepan cómo utilizarlas de manera efectiva para maximizar su potencial.

Otra herramienta útil es el uso de grabaciones de vídeo y audio. Los/as tutores/as pueden grabar explicaciones, instrucciones y retroalimentación en vídeo o audio, lo que puede ser más claro y personal que los mensajes escritos. Estas grabaciones pueden ser almacenadas en la plataforma del curso para que los/as estudiantes accedan a ellas en cualquier momento.

Las herramientas de colaboración en línea, como documentos compartidos y pizarras virtuales, también son valiosas para la formación *online*. Permiten a los/as estudiantes trabajar juntos en proyectos y tareas, y a los/as tutores/as supervisar y guiar su progreso en tiempo real. Estas herramientas fomentan la colaboración y el aprendizaje activo, y pueden ser integradas en la plataforma del curso para facilitar su uso.

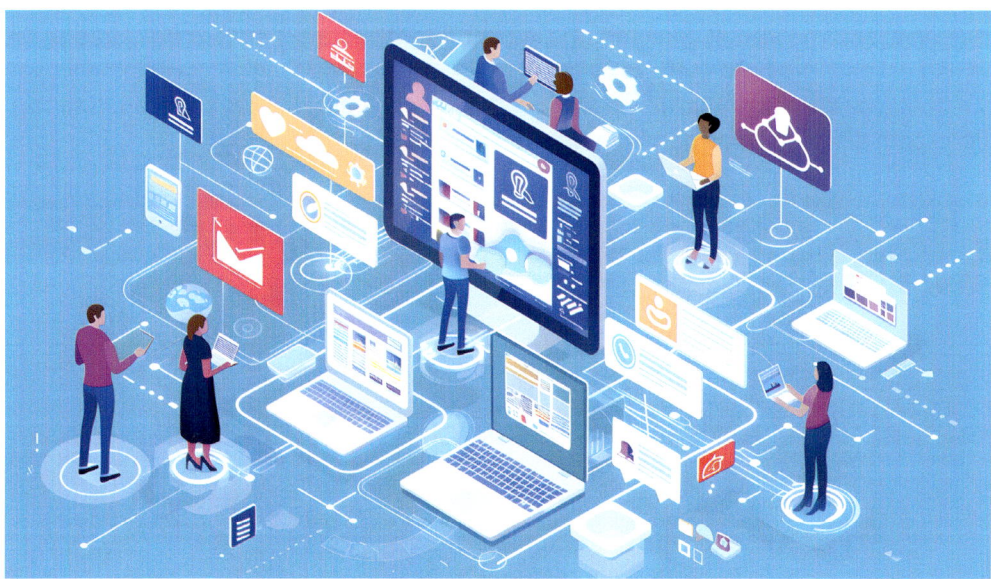

Figura 2.55. Recursos audiovisuales y escritos.

2.10. Diseño de materiales en *e-learning:* recursos técnicos, tipología y características de los materiales

Todo proceso de enseñanza necesita de algún soporte, herramienta, objeto o material que medie o acompañe la interacción formativa entre docentes y alumnado, de forma que estos cumplan alguna o varias de las siguientes funciones pedagógicas:

- Contener y presentar didácticamente el contenido teórico o técnico.
- Facilitar las actividades de aprendizaje del/la estudiante.
- Apoyar las tareas docentes de planificación y desarrollo de la enseñanza en el tiempo.
- Evaluar los avances de los/as estudiantes.

La aparición de la informática y de las nuevas tecnologías en las últimas décadas ha propiciado el surgimiento de una nueva generación de materiales didácticos de naturaleza digital, en contraste con los materiales analógicos, que han adoptado distintos formatos.

© Ediciones Paraninfo

Figura 2.56. Expansión de las nuevas tecnologías.

Hagamos un repaso desde los más antiguos conocidos en la formación a distancia hasta los más actuales.

■ **Discos multimedia**: en los inicios de la digitalización educativa, los discos multimedia fueron pioneros en la introducción de materiales didácticos interactivos.

Estos discos, que incluían CD-ROM y DVD, ofrecían contenidos enriquecidos con gráficos, vídeos y ejercicios interactivos. A pesar de ser una tecnología ahora obsoleta, en su momento representaron una revolución al permitir a los/as estudiantes acceder a una gran cantidad de información de manera estructurada y dinámica.

■ **Webs educativas:** con la expansión de Internet, las webs educativas surgieron como una herramienta vital para la formación a distancia.

Estas plataformas permiten a los/as estudiantes acceder a recursos educativos, desde artículos y vídeos hasta cursos completos. Las webs educativas han evolucionado para ofrecer experiencias de aprendizaje más personalizadas y accesibles, incorporando elementos multimedia y herramientas de colaboración en línea.

■ **Ejercicios interactivos**: los ejercicios interactivos representan una forma efectiva de involucrar a los/as estudiantes en su proceso de aprendizaje.

A través de cuestionarios, puzles, simulaciones y actividades prácticas, se facilita la comprensión de conceptos complejos y se refuerza el conocimiento adquirido. Estas herramientas permiten una retroalimentación inmediata, lo que es esencial para la corrección y el aprendizaje continuo.

Figura 2.57. Oferta de recursos digitales.

- **Entornos digitales de aprendizaje**: los entornos digitales de aprendizaje, o *Learning Management Systems* (LMS), son plataformas que integran múltiples herramientas educativas en un solo espacio virtual.

  Estos sistemas permiten la gestión de cursos, seguimiento del progreso de los/as estudiantes y la comunicación entre docentes y alumnado. Los LMS han transformado la educación a distancia al ofrecer una estructura organizada y accesible para el aprendizaje en línea.

- **Libros educativos electrónicos:** los libros educativos electrónicos, o *e-books*, han democratizado el acceso a la educación al permitir que cualquier persona con un dispositivo digital pueda acceder a una vasta biblioteca de conocimientos.

  Estos libros ofrecen ventajas como la portabilidad, la posibilidad de incluir elementos multimedia y la capacidad de actualización continua.

- **Simulaciones de realidad virtual:** las simulaciones de realidad virtual representan uno de los avances más emocionantes en la educación digital.

  Estas herramientas permiten a los/as estudiantes sumergirse en entornos virtuales donde pueden practicar habilidades y experimentar situaciones reales sin los riesgos asociados. La realidad virtual es especialmente valiosa en campos como la medicina, la ingeniería y la formación técnica.

Figura 2.58. Plataforma con LMS.

- **Videojuegos educativos**: los videojuegos educativos combinan entretenimiento y aprendizaje, capturando la atención de los/as estudiantes y motivándolos/as a aprender de manera lúdica.

  Estos juegos están diseñados para desarrollar habilidades cognitivas, resolver problemas y adquirir conocimientos en diversas áreas. La gamificación del aprendizaje ha demostrado ser una estrategia efectiva para aumentar la participación y el compromiso del alumnado.

- **Juegos interactivos y educativos**: más allá de los videojuegos tradicionales, los juegos interactivos y educativos incluyen una variedad de actividades diseñadas para fomentar el aprendizaje activo.

  Estos juegos pueden incluir puzles, juegos de rol y desafíos de lógica, que no solo entretienen sino también educan a los/as estudiantes, ayudándoles a desarrollar habilidades críticas y creativas.

- **Test automatizados**: los test automatizados son herramientas que permiten evaluar el conocimiento de los/as estudiantes de manera eficiente y precisa. Estas evaluaciones pueden ser programadas para proporcionar retroalimentación inmediata, lo que es crucial para el proceso de aprendizaje.

  Además, permiten a los/as docentes identificar áreas de mejora y adaptar sus estrategias de enseñanza en consecuencia.

Figura 2.59. Kahoot! como recurso educativo.

- **Aulas virtuales**: las aulas virtuales replican la experiencia de una clase presencial en un entorno digital. A través de videoconferencias, pizarras interactivas y herramientas de colaboración, las aulas virtuales facilitan la interacción en tiempo real entre docentes y estudiantes.

  Esta modalidad ha sido particularmente relevante durante la pandemia de COVID-19, permitiendo la continuidad de la educación y la formación, a pesar de las restricciones físicas.

- **Píldoras informativas**: las píldoras informativas son pequeños fragmentos de contenido educativo diseñados para transmitir información de manera rápida y efectiva.

  Estos recursos son ideales para el aprendizaje en corto tiempo, permitiendo a los/as estudiantes adquirir conocimientos específicos cuando los necesitan. Las píldoras informativas pueden incluir vídeos cortos, infografías y artículos breves.

Figura 2.60. Aula virtual.

- *Webinars*: los *webinars* son seminarios en línea que permiten la participación de una audiencia amplia en tiempo real. Estas sesiones son interactivas, permitiendo a los/as participantes hacer preguntas y discutir temas en directo.

  Los *webinars* son una herramienta valiosa para la formación continua y el desarrollo profesional, proporcionando acceso a expertos y conocimientos actualizados.

Figura 2.61. Webinar.

- **Y todo lo que está por venir**… La educación digital está en constante evolución y, con los avances tecnológicos continuos, podemos esperar la aparición de nuevas herramientas y recursos educativos. La inteligencia artificial, por ejemplo, está comenzando a jugar un papel significativo en la personalización del aprendizaje, adaptando los contenidos y métodos de enseñanza a las necesidades individuales de cada estudiante. Además, la realidad aumentada (AR) y la tecnología *blockchain* tienen el potencial de transformar la manera en que accedemos y certificamos la educación y la formación.

En el momento de pensar en el diseño de un material didáctico, debemos organizar de un modo claro las acciones y factores que van a determinar y/o condicionar el proceso de planificación y elaboración del material didáctico digital.

Si lo vemos como una producción, hemos de seguir unos pasos básicos muy similares a los de la producción de un contenido teórico que se va a crear en un formato tradicional.

PRIMER PASO: LA CONCEPCIÓN DEL MATERIAL DIDÁCTICO DIGITAL

La concepción del material didáctico digital es una de las etapas más importantes del proceso. En esta fase, hay que disponer del tiempo y la reflexión suficiente para garantizar la viabilidad del material. Esta fase inicial implica una serie de consideraciones que determinarán el éxito del recurso final:

1. **Definición de objetivos educativos:** es fundamental establecer claramente los objetivos educativos que se quieren alcanzar con el material didáctico digital. Estos objetivos deben ser específicos, medibles, alcanzables, relevantes y limitados en el tiempo (SMART).

2. **Análisis del público objetivo:** conocer a fondo al público al que va dirigido el material es esencial. Esto incluye comprender sus características demográficas, nivel de conocimiento previo, preferencias de aprendizaje y posibles limitaciones tecnológicas.

3. **Selección del contenido:** el contenido debe ser relevante, actualizado y alineado con los objetivos educativos. Es importante seleccionar fuentes de información fiables y adaptar el contenido al formato digital.

4. **Diseño pedagógico:** el diseño pedagógico implica planificar cómo se presentará el contenido para facilitar el aprendizaje. Esto incluye la estructuración del contenido, la secuencia de los temas y la inclusión de actividades interactivas y evaluaciones.

5. **Viabilidad técnica y recursos:** evaluar la viabilidad técnica del proyecto y los recursos disponibles es crucial. Esto incluye disponer de las herramientas tecnológicas adecuadas, el *software* necesario y el equipo humano capacitado.

Es recomendable fomentar la creación de equipos de trabajo multiprofesionales. El intercambio de experiencias profesionales y la diversidad de áreas de conocimiento enriquecen la productividad, calidad e innovación didáctica del material didáctico digital. Un equipo compuesto por pedagogos/as, diseñadores/as gráficos, expertos en tecnología educativa y especialistas en contenido puede garantizar un enfoque integral y multidisciplinario.

Figura 2.62. Equipo multidisciplinar.

SEGUNDO PASO: GUION PARA PLANIFICAR EL MATERIAL DIDÁCTICO DIGITAL (MDD)

El guion es una herramienta esencial para planificar el material didáctico digital. Debe explicar con detalle todos los elementos que conforman el recurso y la estructura de presentación visual.

Un guion bien elaborado facilita la producción y asegura que todos los elementos del material didáctico estén alineados con los objetivos educativos.

1. **Estructura del contenido:** el guion debe definir claramente la estructura del contenido. Esto incluye la organización de los módulos o unidades, la secuencia de los temas y la interrelación entre ellos.

2. **Elementos visuales y audiovisuales:** dado que el aspecto visual y audiovisual es fundamental en este tipo de recursos, el guion debe detallar los elementos gráficos, vídeos, animaciones y otros recursos multimedia que se utilizarán. Es importante que estos elementos sean atractivos y contribuyan al aprendizaje.

3. **Interactividad y usabilidad:** el guion debe especificar las interacciones que los/as estudiantes tendrán con el material. Esto incluye actividades interactivas, simulaciones, ejercicios prácticos y evaluaciones. La usabilidad del recurso debe garantizar que los/as estudiantes puedan navegar fácilmente y acceder a toda la información y actividades sin dificultades.

4. **Guion técnico:** además del contenido educativo, el guion debe incluir un guion técnico que detalle los aspectos tecnológicos del proyecto. Esto incluye las especificaciones de *software*, los requerimientos técnicos y los procedimientos de producción.

5. **Evaluaciones y retroalimentación:** incluir evaluaciones formativas y sumativas es crucial para medir el progreso de los/as estudiantes. El guion debe detallar cómo se implementarán estas evaluaciones y cómo se proporcionará la retroalimentación.

TERCER PASO: AMPLIACIÓN DEL PROCESO DE CREACIÓN DEL MATERIAL DIDÁCTICO DIGITAL

A medida que avanzamos en la creación del material didáctico digital, es importante considerar otros aspectos fundamentales para asegurar la calidad y efectividad del recurso.

Estos aspectos incluyen **la implementación, la prueba y la revisión continua del material**.

Implementación y prueba

Una vez que el guion está completo, la siguiente fase es la implementación del material didáctico digital. Esto implica convertir el guion en un recurso tangible y funcional.

1. **Desarrollo del prototipo:** crear un prototipo del material didáctico digital es una excelente manera de visualizar cómo se verá y funcionará el recurso final. Este prototipo permite realizar ajustes y mejoras antes de la producción completa.

2. **Pruebas piloto:** realizar pruebas piloto con un grupo reducido de estudiantes puede proporcionar valiosa retroalimentación. Estas pruebas ayudan a identificar problemas técnicos, aspectos de usabilidad y áreas donde el contenido podría mejorarse.

3. **Revisión y ajustes:** basado en la retroalimentación de las pruebas piloto, es fundamental realizar las revisiones y ajustes necesarios. Esto asegura que el material didáctico digital sea efectivo y cumpla con los objetivos educativos establecidos.

Figura 2.63. Poner a prueba los recursos.

CUARTO PASO: REVISIÓN CONTINUA Y ACTUALIZACIÓN

La educación es un campo en constante evolución, y los materiales didácticos digitales no son una excepción.

Es esencial establecer un proceso de revisión continua para asegurar que el contenido se mantenga actualizado y relevante.

1. **Monitoreo y evaluación:** implementar un sistema de monitoreo y evaluación permite recoger datos sobre el uso del material didáctico digital y su efectividad. Esto puede incluir encuestas de satisfacción, análisis de rendimiento y *feedback* de los/as estudiantes.

2. **Actualización de contenidos:** basado en los resultados del monitoreo y la evaluación, se deben realizar actualizaciones regulares del contenido. Esto puede incluir la incorporación de nuevas investigaciones, la eliminación de información obsoleta y la mejora de las actividades interactivas.

3. **Formación continua del personal docente:** es importante que el personal docente se mantenga actualizado en las últimas tendencias y tecnologías en educación digital. La formación continua asegura que los/as docentes puedan aprovechar al máximo las herramientas disponibles y ofrecer una experiencia de aprendizaje de alta calidad.

Figura 2.64. Trabajo en equipo.

2.11. Sistema de seguimiento y evaluación en Moodle

Hay varias maneras de monitorear el progreso de los/as estudiantes en Moodle.

Las que más vamos a utilizar en nuestras plataformas son: las calificaciones, las competencias, la finalización de la actividad, la finalización del curso y los informes o reportes del curso.

Veamos qué nos aporta cada una de ellas.

CALIFICACIONES

Cada curso en Moodle tiene su propio Libro de calificaciones, accesible desde el apartado de Administración del curso > Calificaciones. Algunas actividades, como tareas y exámenes, envían calificaciones directamente a este Libro de calificaciones. Los/as docentes también pueden escribir directamente las calificaciones dentro del Libro de calificaciones. Este sistema permite:

1. **Seguimiento individualizado:** permite a los/as docentes monitorear el progreso individual de cada estudiante, identificando rápidamente quién necesita ayuda adicional.

2. **Transparencia:** los/as estudiantes pueden acceder a sus calificaciones en cualquier momento, lo que promueve la transparencia y les permite seguir su propio progreso.

3. **Análisis de rendimiento:** los/as docentes pueden utilizar las calificaciones para analizar el rendimiento del grupo, identificando patrones y áreas que pueden requerir una revisión adicional.

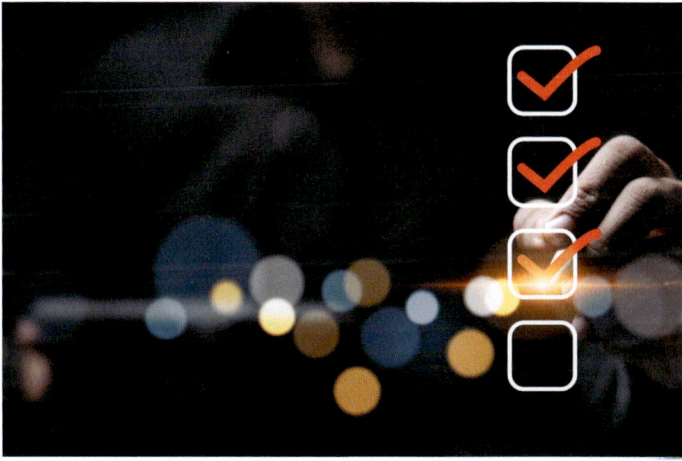

Figura 2.65. Calificaciones *online*.

COMPETENCIAS

Las competencias describen el nivel de comprensión o pericia de un/a alumno/a en ciertas habilidades relacionadas con el tema. El aprendizaje basado en competencias o el aprendizaje basado en habilidades se refiere a sistemas de evaluación y calificación donde los/as estudiantes demuestran estas competencias.

Este enfoque permite:

1. **Evaluación personalizada:** los/as estudiantes son evaluados/as según su capacidad para demostrar competencias específicas, en lugar de solo acumular puntos.

2. **Desarrollo de habilidades:** fomenta un aprendizaje más profundo y significativo, centrándose en el desarrollo de habilidades prácticas y aplicables.

3. **Progreso continuo:** permite a los/as estudiantes avanzar a su propio ritmo, demostrando competencia cuando estén listos/as, en lugar de seguir un calendario fijo.

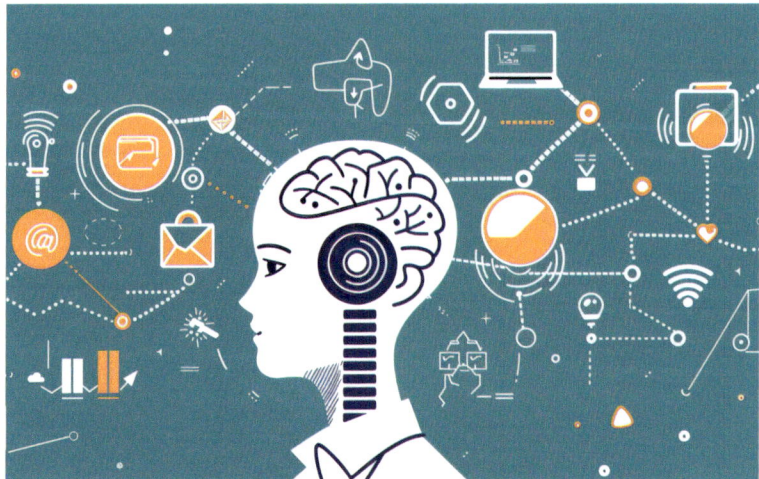

Figura 2.66. Competencias.

FINALIZACIÓN DE ACTIVIDAD

La finalización de actividad, habilitada por un/a administrador/a y configurada por los/as profesores/as, permite indicar para cada ítem del curso cómo se desea que se registre cuando esté completado.

Aparecerá una casilla de verificación junto a la actividad. Los/as estudiantes pueden marcarla manualmente como completada o el ítem puede ser registrado automáticamente una vez que se cumplan los criterios especificados.

Estos criterios pueden ser: ver un recurso, enviar una tarea, publicar en un foro u otras condiciones.

Los/as profesores/as pueden ver una vista general de quién ha completado esa actividad en el reporte de finalización de la actividad en el apartado de: Administración del curso > Reportes > Finalización de actividad.

Esto permite:

1. **Seguimiento detallado:** proporciona una vista detallada del progreso de cada estudiante, permitiendo a los/as docentes identificar rápidamente quién ha completado qué actividades.

2. **Automatización:** facilita el seguimiento del progreso al automatizar la marcación de actividades como completadas según criterios preestablecidos.

3. **Responsabilidad del estudiante:** los/as estudiantes pueden ver su propio progreso y responsabilizarse de completar las actividades necesarias.

Figura 2.67. Actividades en Moodle.

FINALIZACIÓN DEL CURSO

Como una extensión de la finalización de actividad, habilitar la finalización del curso permite que un curso sea marcado oficialmente como terminado, ya sea manualmente o automáticamente de acuerdo con criterios especificados.

Si el Bloque de estatus de finalización del curso fue añadido, los/as estudiantes pueden ver su progreso durante el curso.

Los/as docentes pueden ver el progreso general de los/as estudiantes para obtener la finalización del curso desde Administración del curso > Reportes > Finalización del curso.

Esto nos ofrece:

1. **Monitoreo global:** proporciona una visión global del progreso del curso, permitiendo a los/as docentes ver rápidamente qué estudiantes han completado el curso.

2. **Motivación del estudiante:** los/as estudiantes pueden ver su progreso hacia la finalización del curso, lo que puede ser motivador y fomentar la finalización.

3. **Documentación:** proporciona una forma oficial de documentar la finalización del curso, lo cual es útil para registros académicos y certificaciones.

Figura 2.68. Informes y datos.

REPORTES DEL CURSO (O INFORMES, SEGÚN LA VERSIÓN)

Están disponibles varios tipos de reportes o informes del curso para el/la profesor/a dentro de sus cursos, para ayudar a monitorear el progreso de sus estudiantes.

Además de los reportes de finalización de actividad y del curso mencionados arriba, también hay reportes de actividad, reportes de participación e informes generales del curso.

Estos reportes incluyen:

1. **Reportes de actividad:** detallan la participación de los/as estudiantes en diversas actividades del curso, permitiendo a los/as docentes ver qué recursos se están utilizando más y cuáles menos.

2. **Reportes de participación:** proporcionan información sobre la participación de los/as estudiantes en foros, chats y otras actividades interactivas, ayudando a identificar quiénes están comprometidos/as y quiénes necesitan más estímulo.

3. **Informes generales del curso:** ofrecen una visión amplia del curso, incluyendo estadísticas sobre el acceso, la finalización de actividades y el uso de recursos, lo que ayuda a los/as docentes a evaluar la efectividad del curso y hacer ajustes necesarios.

Figura 2.69. Reportes de participación.

INTEGRACIÓN DE ESTAS HERRAMIENTAS EN LA PRÁCTICA EDUCATIVA

Para maximizar la efectividad de estas herramientas, los/as docentes deben integrarlas de manera coherente y sistemática en su práctica educativa. Esto incluye:

1. **Capacitación y desarrollo profesional:** los/as docentes deben recibir capacitación continua en el uso de Moodle y sus herramientas de monitoreo para aprovechar al máximo sus funcionalidades.

2. **Comunicación continua:** mantener una comunicación abierta y continua con los/as estudiantes sobre su progreso, utilizando las herramientas de calificaciones, competencias y reportes para proporcionar retroalimentación constructiva.

3. **Adaptación y flexibilidad:** estar dispuesto/a a adaptar y ajustar las actividades y el contenido del curso basado en los datos obtenidos de los reportes y el progreso de los/as estudiantes.

4. **Enfoque en el estudiante:** poner al/a la estudiante en el centro del proceso educativo, utilizando las herramientas de monitoreo para personalizar el aprendizaje y proporcionar apoyo adicional cuando sea necesario.

Figura 2.70. Herramientas Moodle.

A MODO DE CONCLUSIÓN...

- La participación en una acción formativa *online* o *e-learning* no implica que se deban descuidar los diferentes roles y tareas que debemos desarrollar como tutores/as de dichas acciones. Al contrario, la modalidad *online* exige un compromiso aún mayor para asegurar que la enseñanza sea efectiva y significativa para los/as estudiantes.

- Los/as tutores/as en *e-learning* deben asumir múltiples roles, incluyendo el de facilitador/a, motivador/a, evaluador/a y técnico/a de soporte. Cada uno de estos roles es esencial para crear un entorno de aprendizaje inclusivo y efectivo.

- Es importante que los/as tutores/as se mantengan proactivos en la comunicación con los/as estudiantes, brindando apoyo constante y monitoreando su progreso regularmente. Esto ayuda a identificar y abordar rápidamente cualquier problema que pueda surgir.

- Los/as tutores/as deben estar comprometidos/as con su propio desarrollo profesional, actualizándose continuamente en las nuevas tecnologías y métodos pedagógicos para mejorar su práctica educativa.

- En la formación *online* o *e-learning*, podemos diseñar y desarrollar diferentes tipos de contenidos y propuestas de aprendizaje que se adapten a las necesidades del alumnado.

- Se deben diseñar contenidos que sean flexibles y personalizables, permitiendo a los/as estudiantes aprender a su propio ritmo y de acuerdo a sus propias necesidades y estilos de aprendizaje.

- Utilizar una amplia gama de recursos, como vídeos, simulaciones, lecturas interactivas y actividades prácticas, para mantener el interés de los/as estudiantes y facilitar un aprendizaje más profundo y significativo, nos dará mejores resultados.

- Implementar sistemas de retroalimentación continua que permitan a los/as estudiantes recibir comentarios constructivos sobre su desempeño y progresar de manera constante en su proceso de aprendizaje.

- Conocer la tipología de tutorías, así como saber aplicarla al grupo con el que estemos trabajando, supone un crecimiento profesional para nuestras tareas en una plataforma de formación.

- Comprender los diferentes tipos de tutorías, como tutorías individuales, grupales, síncronas y asíncronas, y saber cuándo y cómo aplicarlas de manera efectiva para maximizar el aprendizaje.

- Hay que desarrollar la habilidad de adaptar las tutorías a las características y necesidades específicas del grupo de estudiantes, considerando factores como el nivel de conocimiento previo, la motivación y las habilidades tecnológicas.

- La aplicación efectiva de la tipología de tutorías no solo beneficia a los/as estudiantes, sino que también contribuye al desarrollo profesional del/la tutor/a, permitiéndole mejorar sus habilidades de comunicación, organización y manejo de grupos.

- La revisión de los contenidos ofrecidos, de la tipología de alumnado con el que contamos y de la figura del/la tutor/a ha de ser habitual y debe estar preparada para su modificación y adaptación pertinente. Estos son los aspectos más críticos de las acciones formativas *online*.

- Implementar un proceso sistemático de evaluación y revisión de los contenidos y métodos de enseñanza para asegurar que se mantengan actualizados, relevantes y efectivos.

- Estar preparados/as para modificar y adaptar los contenidos y las estrategias de enseñanza en respuesta a la retroalimentación de los/as estudiantes y a los cambios en las necesidades del grupo.

- Fomentar la innovación en la creación y entrega de materiales didácticos, explorando nuevas tecnologías y enfoques pedagógicos que puedan enriquecer la experiencia de aprendizaje *online*.

- Mantener siempre al alumnado en el centro del proceso formativo, asegurando que todas las decisiones sobre contenidos y metodologías se tomen con el objetivo de mejorar su experiencia de aprendizaje y sus resultados académicos.

ACTIVIDADES FINALES

A continuación, encontrarás algunas preguntas sobre la unidad que acabamos de trabajar, para que puedas comprobar el grado de conocimientos que has adquirido.

2.1. **¿Por qué es importante identificar a los destinatarios antes de diseñar un curso *e-learning*?**

2.2. **¿Cómo influyen los objetivos definidos en la estructura y contenido de un curso *e-learning*?**

2.3. **¿Cuál es la principal diferencia entre formación tutorizada y formación no tutorizada?**

2.4. **¿Qué caracteriza a la formación tutorizada unidireccional?**

2.5. **Menciona una ventaja de la formación tutorizada bidireccional.**

2.6. **¿En qué consiste la formación tutorizada cooperativa?**

2.7. **¿Qué beneficios tiene la formación en grupos de aprendizaje en un entorno *e-learning*?**

2.8. **Identifica dos aspectos críticos en el entorno *e-learning* relacionados con los contenidos y el docente.**

2.9. **¿Cuáles son las herramientas de comunicación más utilizadas en Moodle para el desarrollo de un curso?**

2.10. **Describe brevemente un método de seguimiento y evaluación en Moodle.**

3

Gestión de un curso de *e-learning* basado en Moodle

3.1. Diseño de tareas y estructura de actividad para el seguimiento de cursos en la plataforma

En la formación *online* o *e-learning*, las actividades son una de las herramientas básicas que debemos cuidar y revisar, puesto que serán la acción principal que el alumnado desarrollará durante su proceso de formación.

Estas actividades no solo deben diseñarse pensando en su utilidad respecto al contenido teórico o práctico trabajado, sino también deben facilitar la comprensión y el aprendizaje del mismo.

> Una de las reclamaciones más habituales del alumnado es que, en muchas ocasiones, las actividades no terminan de cumplir con sus expectativas o necesidades formativas.

Es por ello que poner el foco sobre el diseño de las actividades que podemos ofrecer a través de una herramienta como Moodle debería ser la forma de anticiparnos a las necesidades del alumnado, garantizando que cada persona que realice el curso se sienta cada vez más implicada en su propio proceso de formación.

Figura 3.1. Actividades *online*.

¿Qué tipos de actividades se desarrollan en un curso virtual de aprendizaje?

- Actividades de análisis y síntesis.
- Actividades de investigación o resolución de problemas.
- Actividades de interacción y comunicación.
- Actividades de construcción colaborativa de conocimiento.
- Actividades de reflexión.

Los aprendizajes más completos se desarrollan aplicando actividades que nos permitan ver cómo se lleva a cabo lo que hemos estudiado a través de un marco teórico o práctico. Por lo tanto, las actividades que planteemos a través de una plataforma como Moodle deberán representar las experiencias diseñadas desde un punto de vista de la programación didáctica.

Esto no significa que el aprendizaje vaya a producirse de forma instantánea ni que se asimilará directamente todo lo trabajado. Sin embargo, en nuestro papel como formador/a-tutor/a, sabemos que debemos diseñarlas con la máxima atención para que se conviertan en una de las partes fundamentales del proceso de enseñanza-aprendizaje de nuestros grupos. Este factor tiene una importancia elevada en la formación *online*, donde la interacción directa es más limitada que en la formación presencial.

Dado que contamos con una gran variedad de opciones para la creación y diseño de diferentes tipos de actividades a través de Moodle, debemos plantearnos las siguientes cuestiones para decidir cuáles seleccionar y asegurarnos de que sean las más indicadas para alcanzar los objetivos previamente señalados en nuestras programaciones.

Figura 3.2. Creación de actividades.

¿Qué cuestiones debemos plantearnos a la hora de diseñar actividades?

- **Qué queremos conseguir.** Podemos hablar de cuatro tipos de acciones posibles que solemos pretender con nuestros grupos de clase:
  - Transmitir una información.
  - Trabajar de forma colaborativa con el alumnado.
  - Comunicarnos e interactuar con el grupo.
  - Evaluar su aprendizaje.

- **Qué nivel de dificultad presenta la actividad.** Es importante considerar el nivel de conocimiento que el alumnado puede tener respecto a la propia plataforma y a los contenidos trabajados.

- **Qué habilidades de pensamiento requiere la realización de la actividad.** Si nos fijamos en la taxonomía de Bloom, podemos querer que nuestros/as alumnos/as realicen acciones de recordar, comprender, aplicar, analizar, evaluar o crear.

Figura 3.3. Estudio en plataforma.

HAGAMOS UN PEQUEÑO PARÉNTESIS ANTES DE CONTINUAR, PARA RECORDAR Y EXPLICAR BREVEMENTE LO QUE ES LA TAXONOMÍA DE BLOOM.

La taxonomía de Bloom es una herramienta esencial en el ámbito formativo, diseñada para clasificar y organizar los objetivos de aprendizaje en diferentes niveles de complejidad y especificidad. Desarrollada por Benjamin Bloom y sus colaboradores en 1956, esta taxonomía se ha convertido en un marco de referencia para diseñar actividades formativas y evaluar el aprendizaje del alumnado.

La taxonomía original se estructura en seis niveles jerárquicos, que van desde habilidades cognitivas básicas hasta las más complejas:

1. **Recordar**: en este nivel se espera que el alumnado pueda recuperar información previamente aprendida. Las actividades diseñadas para este nivel pueden incluir listas de conceptos, definiciones y hechos.

2. **Comprender**: aquí, el alumnado debe demostrar una comprensión de los conceptos y poder interpretarlos, resumirlos o explicarlos con sus propias palabras. Ejemplos de actividades podrían ser resúmenes, paráfrasis o explicaciones.

3. **Aplicar**: este nivel implica el uso del conocimiento en situaciones nuevas. El alumnado debe ser capaz de aplicar lo aprendido a problemas prácticos, utilizando conceptos y técnicas en contextos específicos.

4. **Analizar**: en este nivel se requiere que el alumnado descomponga la información en partes más pequeñas para entender cómo se relacionan entre sí. Las actividades pueden incluir el análisis de casos, la identificación de causas y efectos, o la comparación de diferentes conceptos.

5. **Evaluar**: aquí se espera que el alumnado juzgue el valor de la información o métodos, basándose en criterios definidos. Las actividades pueden incluir debates, críticas constructivas y juicios fundamentados sobre la validez de teorías o prácticas.

6. **Crear**: el nivel más alto de la taxonomía implica la capacidad de generar nuevas ideas, productos o formas de entender un concepto. Las actividades pueden incluir proyectos de investigación, la elaboración de planes y el diseño de productos innovadores.

La taxonomía de Bloom no solo ayuda a estructurar los objetivos de aprendizaje, sino que también proporciona un lenguaje común para docentes y formadores/as. Al utilizar esta taxonomía, podemos diseñar actividades formativas que promuevan un aprendizaje profundo y significativo, adaptándonos a las diversas necesidades y estilos de aprendizaje del alumnado. Además, nos permite evaluar de manera más precisa el progreso y la comprensión de los/as estudiantes, asegurando que alcancen un alto nivel de competencia en las habilidades y conocimientos trabajados.

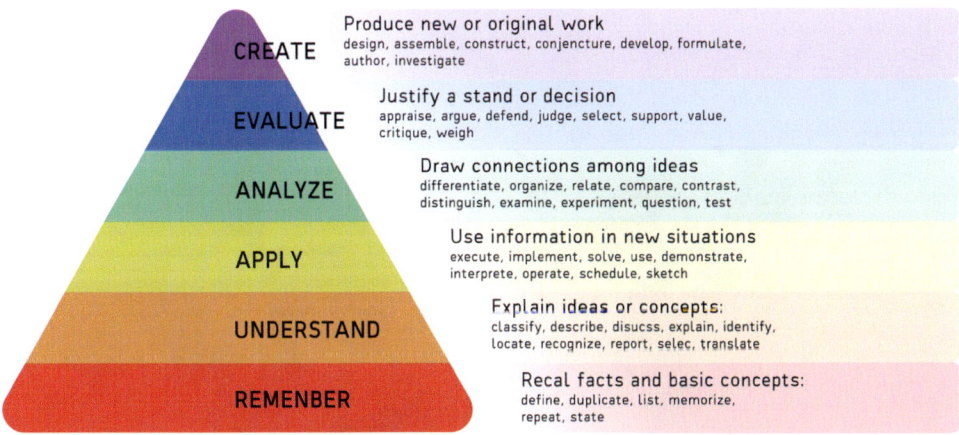

Figura 3.4. Taxonomía de Bloom.

Basándose en los tres criterios mencionados anteriormente (finalidad, facilidad y habilidades cognitivas), podemos seleccionar la actividad más adecuada siguiendo la guía de herramientas de Moodle, de Seitzinger y Henrik.

La guía es de fácil uso y emplea colores para evidenciar si la herramienta es adecuada (en verde); si puede funcionar, pero hay que adaptarla (en naranja), o si es mejor elegir otra herramienta (en rojo).

Por ejemplo, si como formador/a-tutor/a necesito insertar una actividad que fomente que los/as participantes colaboren para crear juntos/as contenidos acerca de un tema concreto, podría elegir una wiki.

Sin embargo, el uso de la wiki requiere de cierta práctica y podría fracasar si no se domina su configuración. Si no tengo práctica, puedo elegir en cambio el glosario, que requiere las mismas habilidades cognitivas de la wiki y es más fácil de utilizar, ya que generalmente se puede dejar la configuración por defecto.

En cualquier caso, la cuestión es que, a través de la variedad presentada por Moodle, podemos elegir y seleccionar los tipos de actividades más apropiadas para el desarrollo de nuestros cursos y para el tipo de alumnado con el que estemos trabajando en ese momento. La responsabilidad de que una actividad sea útil y funcional para el alumnado recae sobre nosotros/as, por lo tanto, quienes debemos tener las capacidades y competencias necesarias para saber utilizarlas, seleccionarlas y diseñarlas apropiadamente, somos nosotros/as principalmente.

Además, es fundamental considerar la retroalimentación del alumnado para mejorar continuamente nuestras prácticas formativas. Evaluar el impacto de las actividades y su efectividad en el proceso de aprendizaje nos permitirá ajustar y mejorar nuestros diseños de tareas. La adaptabilidad y la flexibilidad en el diseño de actividades son claves para responder a las diversas necesidades y estilos de aprendizaje del alumnado, lo cual es esencial para garantizar una experiencia formativa de calidad en el entorno virtual.

Figura 3.5. Selección de actividades.

3.2. Procedimiento de control y verificación de elementos y aspectos clave para asegurar funcionamiento del curso

Moodle es una herramienta muy útil y fácil de aprender a utilizar en la formación *e-learning*, pero, aun así, debemos practicar con ella y aprender a manejar no solo la creación de bloques o de elementos, actividades y recursos.

También es importante que sepamos cómo realizar un seguimiento propio para poder verificar que el curso que hemos diseñado está funcionando correctamente. Podemos evaluarlo todo y, además, debemos hacerlo.

Para ello, necesitamos tener claro cómo podemos estructurar un curso con Moodle de la forma más apropiada posible y asegurarnos de que funcionará correctamente.

¿Cómo podemos plantearnos esa estructura que nos ayude a chequear el buen funcionamiento de nuestro curso?

- **Elegir previamente el formato del curso**: podemos organizar el curso por actividad única, formato social, temas o formato semanal. La elección depende de si queremos que el curso tenga una estructura secuencial o no. Este aspecto puede estar determinado por el real decreto que rija el Certificado Profesional o el programa formativo de la Especialidad Formativa en su caso, haciendo que este primer paso sea más sencillo para nosotros/as.

- **Evitar el uso excesivo de la página principal para contenidos en texto**: la página principal de nuestra plataforma debería ser lo más sencilla posible, con los apartados principales del curso donde el alumnado pueda realizar alguna acción de interacción. Dentro de esos apartados es donde deberían encontrarse las actividades, los recursos y los contenidos de aprendizaje y evaluación diseñados para el curso. Incorporar mucho texto en la página principal puede generar una sensación de agobio visual.

- **Gestionar adecuadamente los bloques laterales**: no es necesario sobrecargar los paneles laterales con bloques y *widgets* innecesarios. Más apartados no significan una mejor plataforma. Evitar el exceso de bloques facilita la navegación y mejora la experiencia del alumnado.

- **Estructurar las unidades de trabajo de forma coherente**: mantener una estructura uniforme para todas las unidades de trabajo facilita el aprendizaje de uso para el alumnado. Esto crea una experiencia más intuitiva y predecible, lo que es esencial para un aprendizaje efectivo.

- **Crear un espacio inicial tipo Unidad 0**: este espacio puede servir como un menú general donde el alumnado pueda tener una visión general del curso. Aquí podemos ofrecer orientaciones, guías de uso de la plataforma, guías del/la alumno/a, etc. Este espacio debería estar siempre accesible para consultas cuando sea necesario.

- **Destacar el tema actual del curso**: utilizar recursos audiovisuales y destacar el tema sobre el que se esté trabajando en ese momento puede ayudar a captar la atención del alumnado. Utilizar colores, iconos o cualquier otro recurso visual puede ser muy efectivo.

- **Implementar un sistema de retroalimentación continua**: es crucial establecer un mecanismo de retroalimentación que permita al alumnado comunicar cualquier problema o dificultad que encuentren. Esto nos permite ajustar y mejorar el curso en tiempo real, asegurando una experiencia formativa óptima.

Figura 3.6. Pantalla de plataforma.

- **Realizar pruebas periódicas del curso**: antes de lanzar el curso y durante su desarrollo, es importante realizar pruebas periódicas para asegurarnos de que todos los elementos funcionan correctamente. Esto incluye verificar enlaces, recursos multimedia, actividades y evaluaciones.

- **Recopilar y analizar datos de uso**: Moodle ofrece herramientas para recopilar datos sobre cómo el alumnado interactúa con el curso. Analizar estos datos nos permite identificar patrones, áreas problemáticas y oportunidades de mejora. Podemos ajustar el diseño del curso en función de estos análisis para mejorar la experiencia formativa.

- **Actualizar y revisar contenidos regularmente**: asegurarnos de que los contenidos del curso estén actualizados es vital para mantener la relevancia y efectividad del curso. Revisar y actualizar los materiales de manera regular garantiza que el alumnado tenga acceso a la información más reciente y precisa.

Siguiendo estos pasos, podemos estructurar y gestionar nuestros cursos de manera que aseguremos su correcto funcionamiento y una experiencia de aprendizaje enriquecedora para el alumnado. La clave está en la planificación, el seguimiento y la flexibilidad para adaptar el curso según las necesidades que surjan durante su desarrollo.

Figura 3.7. Plataforma organizada.

Otro aspecto que no podemos dejar de lado es la parte estética del curso. Es casi igual de importante que el contenido y las actividades de calidad que incorporemos en una plataforma de formación.

El hecho de que resulte realmente fácil de utilizar y lo suficientemente atractiva como para que el alumnado quiera continuar en su proceso de formación *online* es crucial para el éxito del curso.

¿Qué consejos podemos tener en cuenta en el aspecto estético de la plataforma?

- **No utilizar más de tres tipos de letra distintos**: esto incluye colores, fuentes y tamaños. Utilizar más de tres tipos de letra no solo carga la vista, sino que también puede hacer que el alumnado pierda tiempo tratando de entender dónde deben mirar concretamente o qué nivel de importancia tiene cada uno de los elementos. Es esencial mantener la simplicidad para facilitar el avance en el proceso de formación.

- **Evitar desplazamientos excesivos**: no obligar a desplazarse hacia abajo y hacia los lados constantemente. Un error común es incorporar una imagen demasiado grande al inicio de la página principal, lo que obliga a bajar mucho para acceder al resto del contenido. Esto genera una sensación de pesadez y repetición excesiva de la acción, lo cual puede desmotivar al alumnado.

- **Utilizar imágenes de apoyo**: las imágenes deben servir de ejemplo para destacar conceptos y, además, interrumpir el texto escrito para darle aire al contenido. Esto no solo hace que el contenido sea más atractivo visualmente, sino que también puede ayudar a reforzar los puntos clave y mejorar la comprensión del alumnado.

- **Dejar espacios en blanco**: es importante dejar algunos espacios en blanco, a modo de espacio entre párrafos o entre bloques o actividades. Sobre todo, dentro de los textos escritos, dejar espacio entre los párrafos para que quede más clara la estructura lógica de un texto favorece la sensación de ligereza desde el punto de vista visual. No incorporar espacios puede generar el efecto contrario y resultar en una experiencia visualmente abrumadora.

Figura 3.8. Diseño de plataforma.

El diseño estético no es solo una cuestión de apariencia; tiene un impacto directo en la usabilidad y la efectividad del aprendizaje.

Un diseño limpio y organizado facilita la navegación y reduce la carga cognitiva, permitiendo que el alumnado se concentre más en el contenido y menos en cómo interactuar con la plataforma.

- **Consistencia visual**: mantener una consistencia visual en toda la plataforma es fundamental. Esto incluye el uso coherente de colores, fuentes y estilos. Una plataforma con una apariencia consistente ayuda al alumnado a familiarizarse rápidamente con el entorno, reduciendo la curva de aprendizaje y haciendo que se sientan más cómodos.

- **Accesibilidad**: la accesibilidad es un aspecto crucial del diseño estético. Asegurarse de que los colores utilizados tengan un buen contraste, que las fuentes sean legibles y que los elementos interactivos sean fácilmente identificables es vital para que todas las personas, independientemente de sus habilidades, puedan acceder al contenido y participar en el curso.

- **Interactividad y *feedback***: incorporar elementos interactivos como botones, enlaces y actividades que respondan a las acciones del alumnado puede hacer que la experiencia de aprendizaje sea más dinámica y envolvente. El *feedback* inmediato, como confirmaciones visuales de tareas completadas o alertas sobre actividades pendientes, puede mantener al alumnado comprometido y motivado.

Figura 3.9. Para cualquier dispositivo.

- **Uso de multimedia**: integrar diferentes tipos de medios y recursos, como vídeos, infografías y presentaciones interactivas, puede enriquecer la experiencia de aprendizaje. Estos elementos no solo hacen que el contenido sea más atractivo, sino que también pueden ayudar a explicar conceptos complejos de manera más clara y efectiva.

- **Diseño responsivo**: con el aumento del uso de dispositivos móviles para el aprendizaje, es esencial que la plataforma esté optimizada para diferentes tamaños de pantalla y dispositivos. Un diseño responsivo asegura que el alumnado pueda acceder al contenido y participar en el curso desde cualquier dispositivo sin perder funcionalidad o calidad.

Figura 3.10. Estilo de plataforma.

Al incorporar **contenidos** en Moodle, es necesario tener en cuenta ciertos aspectos que faciliten el acceso, la interacción y la participación del alumnado.

Veamos algunos consejos para optimizar el uso de la plataforma de formación con la estructura de Moodle, y asegurar una experiencia formativa efectiva y enriquecedora.

- **Simplificar el acceso a los contenidos:** que haya un acceso directo desde la plataforma.

Es preferible utilizar recursos como lecciones, libros o texto directamente mostrado en la plataforma en lugar de archivos descargables. Si el alumnado tiene que descargar archivos, debemos comunicar claramente qué tipo de versión o programa necesitan. Sin embargo, esto puede suponer un problema en el desarrollo del curso, ya que algunas personas pueden tener dificultades técnicas o limitaciones de *software*.

- **Fomentar la interacción y participación:** permitir la creación de contenidos por el alumnado.

  Habilitar los permisos necesarios para que el alumnado pueda crear encuestas, subir materiales favoritos, añadir enlaces interesantes y realizar aportaciones sobre los temas trabajados. Esta participación activa no solo enriquece el contenido del curso, sino que también aumenta la implicación y el compromiso del alumnado. Sentirse parte del proceso formativo incrementa la motivación y la responsabilidad hacia el aprendizaje.

- **Registro de actividad:** monitorear el acceso a los recursos.

  Utilizar la opción de registro de actividad nos permite verificar si el alumnado está accediendo a los recursos ofrecidos en la plataforma. Esta información es valiosa para identificar posibles problemas de acceso o falta de interés en ciertos materiales. Además, aunque el alumnado no pueda interactuar con un recurso más allá de acceder a él, saber que lo han hecho nos proporciona un indicador de su compromiso.

- **Autogestión del aprendizaje:** marcar actividades como completadas.

  Permitir que el alumnado pueda marcar manualmente una actividad como completada influye positivamente en su autoevaluación y control del aprendizaje. Este simple acto de marcar una actividad como completada puede aumentar su sentido de logro y motivación, ayudándoles a seguir una trayectoria de aprendizaje más organizada y consciente.

- **Flexibilidad en las condiciones de calificación y acceso:** no sobrecargar con condiciones.

  No se deben imponer demasiadas condiciones de calificación o restricciones de acceso a las actividades. En su lugar, es mejor explicar claramente los requisitos básicos comunes de acceso y ejecución de actividades de manera general.

  Establecer rutinas claras y consistentes ayuda al alumnado a desarrollar una dinámica de trabajo lógica y habitual, facilitando el seguimiento y cumplimiento de las tareas formativas.

- **Ampliación sobre la optimización de la plataforma:** optimizar la plataforma Moodle implica no solo seguir las mejores prácticas en la incorporación de contenidos, sino también asegurarse de que la plataforma sea accesible y atractiva para el alumnado.

- **Diseño responsivo y accesible**: asegurarnos de que la plataforma sea fácilmente accesible desde diferentes dispositivos es crucial.

  Un diseño responsivo que funcione bien en ordenadores, tabletas y teléfonos móviles garantiza que el alumnado pueda acceder a los contenidos en cualquier momento y lugar.

Figura 3.11. Moodle.

- **Usabilidad y navegación intuitiva**: la estructura de la plataforma debe ser intuitiva. Utilizar menús claros y una navegación sencilla reduce la carga cognitiva y permite al alumnado centrarse en el aprendizaje en lugar de perder tiempo buscando información.

- **Incorporación de recursos multimedia**: utilizar una variedad de recursos multimedia, como vídeos, infografías y presentaciones interactivas, puede hacer que el contenido sea más dinámico y atractivo. Estos elementos no solo facilitan la comprensión de conceptos complejos, sino que también mantienen el interés del alumnado.

- ***Feedback* continuo y soporte**: proporcionar retroalimentación continua y soporte técnico es fundamental. Herramientas como foros, chats en vivo y correos electrónicos permiten a los formadores/as responder rápidamente a las dudas y problemas del alumnado, mejorando la experiencia de aprendizaje.

- **Evaluaciones formativas**: incluir evaluaciones formativas a lo largo del curso permite al alumnado y a los formadores/as medir el progreso y ajustar el contenido y las actividades según sea necesario. Estas evaluaciones pueden ser cuestionarios, encuestas de autoevaluación y ejercicios prácticos que proporcionen *feedback* inmediato.

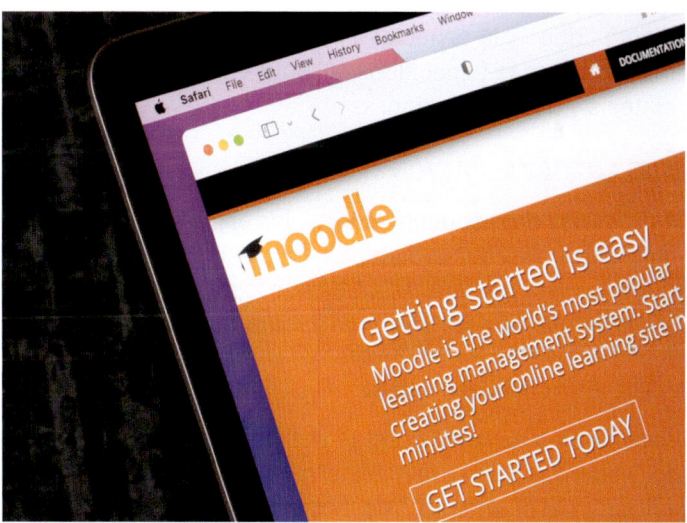

Figura 3.12. Utilizando Moodle.

¿Cuáles son las principales tareas y actividades que suelen plantearse en la modalidad online *o* e-learning*?*

En la modalidad *online* o *e-learning*, las tareas y actividades juegan un papel importante en el proceso formativo.

Estas actividades no solo permiten al alumnado aplicar lo que han aprendido, sino que también fomentan la interacción, la colaboración y el pensamiento crítico.

Las principales tareas y actividades que suelen plantearse en este tipo de formación serían las siguientes:

REVISIÓN DE CONTENIDOS Y TEMAS TEÓRICOS

- **Paquetes SCORM interactivos**: los paquetes SCORM (*Sharable Content Object Reference Model*) son una forma efectiva de presentar contenidos teóricos.

  Estos paquetes permiten una presentación interactiva y dinámica del material, facilitando la comprensión y el enganche del alumnado. Los SCORM pueden incluir vídeos, animaciones, cuestionarios interactivos y otros elementos multimedia que enriquecen la experiencia de aprendizaje.

REALIZACIÓN DE CASOS PRÁCTICOS Y ACTIVIDADES DE INVESTIGACIÓN

- **Casos prácticos**: plantear casos prácticos permite al alumnado aplicar los conocimientos teóricos a situaciones reales o simuladas. Estos casos pueden ser resueltos de forma individual o grupal, promoviendo tanto el trabajo autónomo como la colaboración entre compañeros/as.

- **Actividades de investigación y resolución de problemas**: estas actividades estimulan el pensamiento crítico y la capacidad de análisis. Al resolver problemas complejos o investigar sobre temas específicos, el alumnado desarrolla habilidades de investigación, síntesis y argumentación.

EJERCICIOS DE AUTOEVALUACIÓN

- **Test y cuestionarios de respuesta abierta**: los ejercicios de autoevaluación son una herramienta valiosa para que el alumnado mida su comprensión y progreso. Los test de ofrecen *feedback* inmediato, mientras que los cuestionarios de respuesta abierta permiten una evaluación más profunda y reflexiva por parte del tutor/a.

ACTIVIDADES DE EVALUACIÓN FINAL

- **Evaluaciones finales de temas**: estas actividades, evaluadas y calificadas por el tutor/a, son fundamentales para medir el nivel de comprensión y dominio de los contenidos por parte del alumnado. Las evaluaciones finales pueden incluir exámenes escritos, proyectos, presentaciones o informes.

ANÁLISIS Y DEBATE

- **Foros de debate**: los foros son una excelente plataforma para el análisis y la discusión de los contenidos trabajados a lo largo del curso. Permiten al alumnado expresar sus opiniones, compartir conocimientos y debatir sobre diferentes temas, enriqueciendo el aprendizaje colectivo.

El diseño de tareas y actividades en *e-learning* debe ser cuidadosamente planificado para maximizar el aprendizaje y la participación del alumnado.

Figura 3.13. Tareas en plataforma.

¿Qué estrategias podemos utilizar para enriquecer estas actividades en las plataformas de formación online?

- **Aprendizaje basado en proyectos (PBL)**: el PBL es una metodología que coloca al alumnado en el centro del proceso formativo, desafiándoles a resolver problemas reales a través de proyectos complejos. Esta metodología fomenta la investigación, la colaboración y el pensamiento crítico, y permite al alumnado aplicar los conocimientos adquiridos de manera práctica y significativa.

- **Gamificación**: incorporar elementos de juego en el diseño de actividades puede aumentar significativamente la motivación y la implicación del alumnado. La gamificación puede incluir puntos, insignias, niveles y recompensas por completar tareas o alcanzar ciertos objetivos. Esto no solo hace que el aprendizaje sea más divertido, sino que también promueve la competencia saludable y la perseverancia.

Figura 3.14. Más que una pantalla.

- **Aprendizaje colaborativo**: fomentar la colaboración a través de trabajos en grupo, proyectos colaborativos y discusiones en foros ayuda a desarrollar habilidades sociales y de comunicación. El aprendizaje colaborativo permite al alumnado aprender de sus compañeros/as, compartir diferentes perspectivas y construir conocimientos de manera conjunta.

- **Uso de herramientas multimedia**: incorporar vídeos, pódcast, infografías y otros recursos multimedia en las actividades puede hacer que el contenido sea más accesible y atractivo. Estas herramientas también pueden ayudar a explicar conceptos complejos de manera más clara y efectiva.

- **Evaluaciones formativas y sumativas**: las evaluaciones formativas proporcionan *feedback* continuo durante el proceso de aprendizaje, ayudando al alumnado a identificar áreas de mejora y ajustar su enfoque. Las evaluaciones sumativas, por otro lado, evalúan el aprendizaje al final de un módulo o curso y son esenciales para medir el logro de los objetivos de aprendizaje.

- **Reflexión y metacognición**: incluir actividades que fomenten la reflexión y la metacognición puede ayudar al alumnado a ser más consciente de su propio proceso de aprendizaje. Diarios reflexivos, autoevaluaciones y discusiones sobre estrategias de aprendizaje son ejemplos de actividades que pueden promover la reflexión.

Figura 3.15. Implicar al alumnado.

3.3. Claves de actuación en la coordinación de cursos de Moodle

La idea principal de la formación e-learning es facilitar a las personas el acceso a la formación.

Básicamente, eliminar las barreras del tiempo y el espacio para que cada persona pueda acceder al tipo de formación y contenido que le interese o necesite en ese momento de su vida. Si nos basamos en este principio básico, el uso de Moodle para diseñar y elaborar plataformas de formación ha de facilitar la interacción con la información que le presentemos.

¿Cómo podemos conseguirlo?

- **Estructurando la plataforma con coherencia**: la estructura o formato del curso debe ser consistente con el contenido teórico o práctico que tengamos que llevar a cabo. Puede parecer lo más lógico, pero, a veces, nos olvidamos de los fundamentos de nuestro trabajo.

  Si ayudamos al alumnado a ubicarse fácilmente dentro del espacio de la plataforma y entender qué es lo que tiene que hacer, cómo lo tiene que hacer y cuándo lo tiene que hacer, entonces estaremos aplicando los conceptos principales de cualquier acto de enseñanza-aprendizaje.

  Una vez más, debemos aprender a manejar la herramienta (Moodle, en este caso) para poder ofrecer esa coherencia que podemos asociar a la programación de aula que desarrollamos cuando realizamos una formación presencial.

  Al final, se trata de aplicar los conceptos conocidos por nosotras/os, en otro tipo de espacio y con otros recursos diferentes, pero la intención debe seguir siendo la misma por nuestra parte.

- **Utilizando palabras clave y nomenclaturas claras**: es necesario ayudar a identificar realmente qué es lo que importa y cómo han de interpretarlo. Un exceso de contenido o de textos o bloques puede generar distracción e incomprensión con respecto al funcionamiento o las tareas que hay que realizar.

  Tenemos que ser más precisas/os en cuanto a la estructura y el contenido que queramos presentar. Pero también debemos serlo con cuáles son sus responsabilidades con respecto a la plataforma. Este punto será uno de los más repetidos y explicados por nuestra parte.

  La experiencia así lo demuestra. Por tanto, no pasa nada si somos muy explícitas/os y precisas/os en cuanto a qué es lo que deben cumplir para poder superar satisfactoriamente el proceso de formación que están realizando.

  Las confusiones y las creencias erróneas sobre lo que están haciendo y cómo han de hacerlo son habituales entre el alumnado.

- **Activar el progreso del curso**: ya explicamos anteriormente que la simple acción de que el/la alumno/a pueda marcar actividades como finalizadas influye directamente sobre su percepción de control de avance en el curso. Por tanto, ¿por qué no utilizarlo y habilitarlo?

Figura 3.16. Multiplicar posibilidades.

- **Proporcionar instrucciones claras y precisas**: es cierto que, a veces, por el tipo de formación en la que participamos, las instrucciones, requisitos, premisas, aspectos que se deben cumplir, protocolos de tiempos, etc., son una larga lista de acciones que puede resultarnos difícil de transmitir de forma efectiva.

  Quizás si nos facilitamos a nosotras/os mismas/os esta tarea, podamos hacerlo de forma más eficaz. No hay problema en dividir la información de manera que quede más clara y visual sin contener todo en un único documento o mensaje.

  A veces, la comunicación tranquila, pausada y colocada dentro de una serie de viñetas o etiquetas puede resultar más eficaz que hacer un correo masivo con una extensión que ya deberíamos saber que ninguna/o de ellas/os va a leer al completo.

  Esta división en formatos pequeños pero claros y concisos facilita la comprensión del mensaje y evita las preguntas repetitivas del tipo: «Pero ¿qué tengo que hacer?», que tantas veces nos desesperan porque «Ya lo expliqué en el correo enviado».

- **Aprovechar los títulos y las descripciones**: a través de Moodle, podemos organizar el contenido teórico y práctico con el apoyo de títulos y subtítulos, lo que hace que quien acceda a ello pueda saber desde el inicio de qué va a tratar cada tema o actividad. En este caso, incluso podemos incorporar imágenes que sean llamativas o alusivas al contenido para facilitar aún más su comprensión.

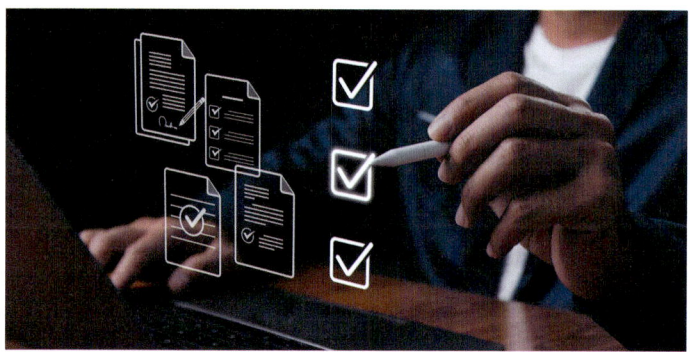

Figura 3.17. Organizar la plataforma.

© Ediciones Paraninfo

- **Utilizar las categorías de forma adecuada**: si estamos pretendiendo simplificar el acceso y el manejo de la plataforma, hagamos también que sea más sencillo ubicar un curso en sus categorías y subcategorías.

  La estructura de árbol con un número infinito de clasificaciones puede convertir la experiencia en algo aburrido y pesado, por lo tanto, deberemos encontrar el equilibrio apropiado para que les resulte fácil acceder a ello y manejarse fácilmente a la hora de encontrar lo que estén buscando.

- **Crear variedad en las actividades**: destacar los aspectos que diferencien nuestro curso y sus elementos de lo que ya puedan conocer es fundamental.

  La variedad en las actividades y sus tipos favorece la sensación de novedad en el alumnado, lo cual les mantiene activos en el trabajo que hay que desarrollar dentro de la plataforma.

  Una cosa es ayudarles a crear una rutina de trabajo en la plataforma, y otra muy distinta es generarles esa sensación de aburrimiento máximo porque todo es demasiado repetitivo y cansado de hacer.

Figura 3.18. Oferta llamativa.

Para una correcta coordinación y seguimiento de cursos en Moodle, es esencial implementar prácticas y estrategias que garanticen el éxito del proceso formativo.

- **Monitoreo constante del progreso del alumnado**: utilizar las herramientas de seguimiento y análisis que ofrece Moodle para monitorear el progreso del alumnado es fundamental. Estas herramientas permiten ver quién ha completado qué actividades, identificar a quienes puedan estar teniendo dificultades y ofrecer soporte adicional cuando sea necesario.

- **Comunicación efectiva y constante**: establecer canales de comunicación claros y efectivos entre el tutor/a y el alumnado es esencial. Utilizar foros, mensajes privados, correos electrónicos y sesiones en vivo puede facilitar una comunicación fluida. Es importante que el alumnado sienta que puede comunicarse fácilmente con el tutor/a para resolver dudas y recibir *feedback*.

- *Feedback* **regular y constructivo**: proporcionar *feedback* regular y constructivo es clave para el desarrollo del alumnado. El *feedback* debe ser específico, resaltando tanto los aciertos como las áreas de mejora, y debe ser entregado de manera oportuna para que el alumnado pueda aplicarlo en su aprendizaje.

Figura 3.19. Experiencia *online*.

- **Flexibilidad y adaptabilidad**: ser flexible y adaptable es importante en la formación *online*. Cada alumno/a tiene su propio ritmo y estilo de aprendizaje, y es crucial ajustar las estrategias y enfoques para satisfacer las necesidades individuales del alumnado. Moodle permite esta flexibilidad, y es importante aprovecharla al máximo.

- **Capacitación continua del personal docente**: el personal docente debe estar constantemente capacitado en el uso de Moodle y en las mejores prácticas de *e-learning*. La formación continua en nuevas herramientas, metodologías y enfoques pedagógicos asegura que el proceso formativo sea siempre de alta calidad.

Figura 3.20. Acceso global.

3.4. Gestión y procedimiento para la elaboración de informes finales de resultados

En nuestro rol como formadores/as y tutores/as de acciones formativas, uno de los aspectos más cruciales es evaluar y realizar seguimientos de nuestros grupos para observar su progreso dentro del proceso de formación.

Para hacerlo de manera efectiva, disponemos de diversos tipos de informes de resultados que nos ayudan a seguir y valorar el trabajo realizado por el grupo y por cada uno/a de sus integrantes.

Importancia de los informes de resultados

Los informes de resultados proporcionan un listado detallado de datos tanto de la plataforma como de cada participante, permitiéndonos ver su media global, los valores promedio de los elementos incorporados en la plataforma y el número de calificaciones asignadas a cada uno de ellos.

Tener acceso a estos datos es crucial para evaluar nuestra acción docente y ajustar nuestras estrategias en función de los resultados obtenidos.

En la modalidad *online*, donde la observación directa es limitada, estos informes son aún más importantes, ya que nos ofrecen una visión clara y objetiva del progreso de los/as alumnos/as.

Figura 3.21. Elaboración de informes.

¿Cuáles son las ventajas de los informes en un LMS?

1. **Perspectivas basadas en la evidencia**: la información basada en datos es clave para una enseñanza eficaz. Gracias a estos informes, los/as formadores/as y tutores/as pueden gestionar desde las matriculaciones hasta el desarrollo de itinerarios de aprendizaje personalizados, optimizando así la experiencia de aprendizaje del alumnado.

2. **Identificación de puntos fuertes y áreas de mejora**: los informes destacan los puntos fuertes y débiles de los programas de aprendizaje de manera objetiva. Esta información es vital para ajustar los enfoques pedagógicos y mejorar la calidad de la formación.

3. **Seguimiento del progreso del alumnado**: los informes detallan el rendimiento de cada alumno/a, su comprensión del contenido y el tiempo invertido. Esta información nos permite intervenir rápidamente si es necesario y ofrecer apoyo personalizado, garantizando que ningún/a alumno/a se quede atrás.

4. **Enfoques de aprendizaje personalizados**: los informes permiten crear marcos de competencias y asignar planes de aprendizaje a individuos o grupos, asegurando que cada persona reciba el apoyo y los recursos que necesita.

Figura 3.22. Información individualizada.

¿Cómo sacar el máximo partido a los informes que obtenemos a través de Moodle?

1. **Familiarización con las funciones de elaboración de informes**: dedicar tiempo a explorar y comprender las herramientas y complementos disponibles en los LMS es esencial. Las funciones de generación de informes ofrecen información valiosa sobre el rendimiento, la participación y el progreso de los/as alumnos/as, lo que nos permite tomar decisiones informadas para mejorar los programas de aprendizaje.

2. **Mejora del desarrollo profesional**: participar en oportunidades de desarrollo profesional centradas en el análisis de datos y la toma de decisiones basada en pruebas puede mejorar nuestras capacidades para maximizar el potencial de estos informes. Dotarnos de los conocimientos necesarios para interpretar y utilizar los datos es fundamental.

3. **Colaboración y compartir conocimientos**: aprender de las experiencias de otros formadores/as es una forma poderosa de crecer y mejorar. Participar en debates y compartir buenas prácticas con otros/as docentes puede aportar nuevas perspectivas y métodos para usar los informes de manera efectiva.

4. **Reflexión sobre los resultados obtenidos**: evaluar habitualmente las acciones formativas utilizando estos informes nos permite identificar áreas de mejora y perfeccionar nuestras estrategias de trabajo. La mejora continua es habitual y necesaria en la formación *online*, y estos informes son una herramienta esencial para lograrla.

Figura 3.23. Análisis de la información.

¿Qué estrategias podemos tener en cuenta para la elaboración y uso de estos informes?

- **Utilización de gráficos y visualizaciones**: integrar gráficos y visualizaciones en los informes puede hacer que los datos sean más comprensibles y accesibles. Herramientas de visualización de datos como gráficos de barras, líneas y pastel pueden ayudar a identificar tendencias y patrones de manera más efectiva.

- **Automatización de informes**: configurar la generación automática de informes en intervalos regulares puede ahorrar tiempo y asegurar que siempre tengamos datos actualizados para analizar. Moodle y otros LMS permiten la automatización de informes, lo que facilita el seguimiento constante del progreso del alumnado.

- ***Feedback* continuo**: proporcionar *feedback* continuo basado en los informes permite al alumnado ajustar su enfoque y mejorar su rendimiento. Este *feedback* debe ser específico, constructivo y entregado de manera oportuna para ser efectivo.

- **Desarrollo de competencias digitales**: para maximizar el uso de los informes, es importante que tanto formadores/as como alumnos/as desarrollen competencias digitales que les permitan interactuar con la plataforma de manera eficiente. La capacitación en el uso de herramientas digitales y en la interpretación de datos es fundamental para aprovechar al máximo los informes de resultados.

Figura 3.24. Utilidad de los datos.

A MODO DE CONCLUSIÓN...

- Al igual que la realización de una buena programación didáctica que se adapte al tipo de formación que vamos a impartir, el diseño apropiado de las actividades de aprendizaje que aplicamos en una plataforma de formación *online* es primordial para que el alumnado sienta que avanza y progresa en su proceso formativo.

- El diseño de la plataforma debe ser coherente y alineado con los objetivos educativos, asegurando que cada actividad contribuya al desarrollo de competencias específicas y al logro de los resultados de aprendizaje esperados.

- Podemos utilizar una gran variedad de recursos para diseñar actividades atractivas y motivadoras para el grupo de alumnos/as con el que estemos trabajando.

- La creatividad en la selección y combinación de recursos, como vídeos, cuestionarios interactivos, foros de discusión y simulaciones, puede transformar la experiencia de aprendizaje. Necesitamos conocer bien la herramienta con la que trabajamos, en este caso, Moodle.

- No debemos caer en la rutina excesiva ni en la repetición monótona que puede llevar a la dejadez de nuestras funciones como tutores/as *online*. Innovar y variar las actividades no solo mantiene el interés del alumnado, sino que también enriquece su proceso de aprendizaje.

- Dentro de nuestra labor docente, la evaluación es uno de los elementos clave del trabajo que realizamos. Evaluar no es solo calificar, sino también entender cómo se está llevando a cabo el aprendizaje y qué tan efectivo es el proceso educativo.

- La posibilidad de acceder a informes detallados sobre el progreso y rendimiento del alumnado en la plataforma de formación es una gran ventaja. Estos informes proporcionan información y datos que, en una modalidad presencial, serían más difíciles de obtener. Nos permiten hacer un seguimiento preciso de cada alumno/a, identificar áreas de dificultad y ofrecer retroalimentación oportuna y personalizada.

- En la evaluación educativa/formativa, se analizan todos y cada uno de los componentes del acto educativo, desde los recursos materiales hasta los recursos humanos. Por ello, es fundamental que estemos actualizados/as respecto al uso y generación de los informes que nos proporciona Moodle.

- Los informes no solo nos ayudan a entender el rendimiento del alumnado, sino que también nos ofrecen una visión clara de nuestra propia eficacia como docentes. El tratamiento y análisis de la información obtenida es necesario si queremos progresar en la mejora de nuestro propio desempeño profesional.

- El uso de datos para la toma de decisiones educativas debe ser un proceso continuo. Debemos adoptar una actitud reflexiva y crítica, utilizando los informes no solo para evaluar el pasado, sino también para planificar el futuro. Esto implica ajustar y adaptar nuestras estrategias de enseñanza en función de las necesidades y progresos del alumnado, asegurando así una formación personalizada y efectiva.

- La retroalimentación constante y el uso de herramientas analíticas avanzadas nos permiten crear un entorno de aprendizaje dinámico y adaptativo.

- A través de la evaluación formativa, podemos implementar cambios en tiempo real, ofreciendo apoyo adicional donde sea necesario y ampliando las oportunidades de aprendizaje donde se evidencien fortalezas.

- Debemos fomentar una cultura de mejora continua tanto en nosotros/as mismos/as como en nuestros alumnos/as.

- La formación no es estática, y nuestras metodologías deben evolucionar junto con las necesidades cambiantes de la sociedad y del mercado laboral. Capacitarse continuamente en nuevas tecnologías educativas, participar en comunidades de práctica y compartir experiencias con otros profesionales nos enriquecerá y potenciará nuestra capacidad para ofrecer una educación de calidad.

ACTIVIDADES FINALES

A continuación, encontrarás algunas preguntas sobre la unidad que acabamos de trabajar, para que puedas comprobar el grado de conocimientos que has adquirido.

3.1. ¿Cuál es el principio básico de la formación *e-learning*?

3.2. ¿Por qué es importante estructurar la plataforma de Moodle con coherencia?

3.3. ¿Cuál es la ventaja de utilizar recursos de lecciones o libros en Moodle en lugar de archivos de descarga?

3.4. ¿Qué permite la opción de registro de actividad en Moodle?

3.5. ¿Qué se debe evitar en la página principal de la plataforma para no generar una sensación de agobio visual?

3.6. ¿Por qué es importante estructurar las unidades de trabajo de forma coherente en Moodle?

3.7. ¿Por qué es importante utilizar palabras clave y nomenclaturas precisas en la estructura de un curso en Moodle?

3.8. ¿Cómo influye la opción de marcar manualmente una actividad como completada en la percepción del alumnado?

3.9. ¿Qué ventajas tiene el acceso a informes detallados en un LMS como Moodle?

3.10. ¿Por qué es crucial utilizar los datos obtenidos de los informes en Moodle?

Recomendaciones que podemos dar al alumnado para utilizar la plataforma Moodle

Moodle es una plataforma de aprendizaje en línea que ofrece herramientas y recursos para la creación y gestión de cursos educativos.

Paso 1: Acceso a Moodle

1. **Acceder a la plataforma**: abre tu navegador web e ingresa la URL proporcionada por tu institución educativa para acceder a Moodle.

2. **Inicio de sesión**: ingresa tu nombre de usuario y contraseña proporcionados por tu institución y haz clic en «Iniciar sesión».

Paso 2: Navegación en Moodle

1. **Interfaz principal**: una vez iniciada la sesión, verás la página principal de Moodle. Aquí encontrarás:

   — **Curso**: lista de cursos en los que estás inscrito/a.

   — **Navegación**: menú lateral o superior con accesos rápidos a diferentes secciones.

2. **Acceso a un curso**:

   — Haz clic en el nombre del curso al que deseas acceder desde la lista de cursos en la página principal.

Paso 3: Navegación dentro del curso

1. **Bloques laterales**: puedes ver bloques laterales con herramientas como calendario, actividades recientes, etcétera.

2. **Secciones del curso**:

   — El curso está dividido en secciones (por ejemplo, Introducción, Módulo 1, Evaluaciones, etcétera).

   — Haz clic en cada sección para acceder al contenido correspondiente.

Paso 4: Acceso y uso de recursos

1. **Tipos de recursos**:
   - **Archivos**: documentos, presentaciones, PDF.
   - **URL**: enlaces a sitios web externos.
   - **Páginas**: contenido estructurado dentro de Moodle.
   - **Actividades**: tareas, cuestionarios, foros, etcétera.

2. **Acceso a recursos**:
   - Haz clic en el nombre del recurso para abrirlo y ver su contenido.

Paso 5: Participación en actividades

1. **Foros**:
   - Ingresa al foro haciendo clic en su nombre.
   - Haz clic en «Responder» para participar en discusiones.

2. **Tareas**:
   - Haz clic en el enlace de la tarea para ver las instrucciones.
   - Sube tu archivo o escribe directamente en el cuadro de texto proporcionado.
   - Envía tu tarea haciendo clic en «Enviar».

3. **Cuestionarios**:
   - Lee las instrucciones y elige las respuestas.
   - Envía tu cuestionario para que sea evaluado automáticamente o por el tutor.

Paso 6: Seguimiento y evaluación

1. **Calificaciones**:
   - Consulta tus calificaciones haciendo clic en la sección «Calificaciones» en el menú del curso.

2. **Informe de progreso**:
   - Revisa tu progreso y rendimiento en el curso accediendo a los informes proporcionados por el tutor.

Paso 7: Comunicación

1. **Mensajes y anuncios**:
   - Lee mensajes de tu tutor/a y compañeros/as en la bandeja de entrada de mensajes o anuncios.

2. **Chat y *webinars***:
   - Participa en chats en vivo y *webinars* según las instrucciones del curso.

Recomendaciones que podemos dar a los/as docentes para la creación de cursos a través de la plataforma Moodle

Moodle es una plataforma versátil para la creación y gestión de cursos en línea. Este tutorial te guiará a través de los pasos fundamentales para crear y configurar tu propio curso en Moodle.

Paso 1: Acceso a Moodle

1. **Acceder a la plataforma**: abre tu navegador web e ingresa la URL de Moodle proporcionada por tu institución o proveedor de servicios Moodle.

2. **Inicio de sesión**: ingresa tu nombre de usuario y contraseña y haz clic en «Iniciar sesión».

Paso 2: Creación de un nuevo curso

1. **Ir al panel de administración**:
   — Una vez iniciada la sesión, verás el panel de administración de Moodle.
   — Busca y haz clic en la opción para «Crear un curso» o similar, dependiendo de la configuración de tu Moodle.

2. **Configuración inicial del curso**:
   — Completa los campos requeridos como nombre del curso, descripción, y categoría.
   — Establece la visibilidad del curso (público o privado).

3. **Guardar y mostrar**:
   — Guarda los cambios y asegúrate de que el curso ahora esté visible para los/as estudiantes.

Paso 3: Estructura del curso

1. **Secciones y etapas**:
   — Organiza tu curso en secciones lógicas como Introducción, Módulo 1, Evaluaciones, etcétera.
   — Añade nuevas secciones según sea necesario para estructurar tu contenido.

2. **Añadir recursos y actividades**:
   — **Recursos**: sube archivos (documentos, presentaciones), enlaces web, crea páginas informativas dentro de Moodle.
   — **Actividades**: crea tareas, cuestionarios, foros, chats en vivo, entre otros, para la interacción y evaluación de los/as estudiantes.

Paso 4: Configuración avanzada

1. **Personalización de la interfaz**:
   — Configura la apariencia del curso y la interfaz de usuario para que sea intuitiva y fácil de navegar.

2. **Roles y permisos**:
   — Asigna roles como profesor, tutor, estudiante, según sea necesario.
   — Define permisos específicos para cada rol para gestionar el curso de manera eficiente.

Paso 5: Evaluación y seguimiento

1. **Configuración de evaluaciones**:
   — Crea cuestionarios con diferentes tipos de preguntas (opción múltiple, respuesta corta, verdadero/falso).
   — Establece tareas con instrucciones claras y fechas de entrega.

2. **Seguimiento del progreso**:
   — Utiliza informes de seguimiento para monitorear el progreso de los/as estudiantes y evaluar su desempeño.

Paso 6: Comunicación y colaboración

1. **Foros y mensajería**:
   — Configura foros para discusiones grupales y mensajería interna para comunicaciones directas.

2. ***Webinars* y chats**:
   — Organiza *webinars* y sesiones de chat en vivo para interacciones sincrónicas con los/as estudiantes.

Paso 7: Publicación y gestión continua

1. **Publicación del curso**:

   — Verifica que todos los recursos y actividades estén listos y funcionando correctamente.

   — Publica el curso para que los/as estudiantes puedan inscribirse y comenzar a participar.

2. **Gestión continua**:

   — Realiza ajustes según el *feedback* de los/as estudiantes.

   — Actualiza y mejora el contenido y las actividades del curso regularmente.

Glosario

Accesibilidad: habilidad de los/as estudiantes para acceder al contenido del curso desde cualquier lugar y en cualquier momento.

Acciones de *e-learning*: diferentes tipos de actividades de aprendizaje que se pueden llevar a cabo en un entorno de *e-learning*.

Administrador/a: persona responsable de la configuración y el mantenimiento general de la plataforma Moodle.

Alumnos/as: personas que participan y aprenden en el curso.

Chat: herramienta de comunicación en tiempo real que permite la interacción instantánea entre los usuarios.

Código abierto: *software* cuyo código fuente está disponible de forma gratuita para que cualquiera lo use, modifique y distribuya.

Comunicación asíncrona: interacción que no ocurre en tiempo real, permitiendo a los participantes comunicarse en diferentes momentos (por ejemplo, a través de correos electrónicos y foros).

Comunicación síncrona: interacción que ocurre en tiempo real, como en videoconferencias o chats en vivo.

Comunicación: interacción entre el/la tutor/a y los/as estudiantes, esencial para el éxito del curso de *e-learning*.

Contenidos: materiales y recursos que forman el núcleo del curso de *e-learning*.

Control y verificación: procesos para asegurar que todos los elementos del curso funcionan correctamente y cumplen con los estándares requeridos.

Correo electrónico: método de comunicación asíncrona ampliamente utilizado en el *elearning* para enviar y recibir mensajes y notificaciones.

Curso: conjunto estructurado de contenidos y actividades de aprendizaje ofrecidos en Moodle, centrado en un tema específico.

Destinatarios/as: grupo específico de personas a quienes va dirigido el curso.

Docente: persona encargada de enseñar y guiar a los/as estudiantes.

***E-learning*:** forma de enseñanza y aprendizaje que se realiza a través de Internet, utilizando plataformas y recursos digitales.

Elaboración de informes: procedimiento para recopilar, analizar y presentar datos sobre el progreso y el desempeño de los/as estudiantes.

Evaluación: procesos y herramientas para medir el aprendizaje y el rendimiento de los/as estudiantes.

Flexibilidad: capacidad del *e-learning* para adaptarse a los horarios y necesidades de los/as estudiantes.

Foro: espacios de discusión donde los/as estudiantes pueden interactuar entre sí y con el/la profesor/a.

Foros de discusión: espacios virtuales donde los/as estudiantes pueden interactuar y debatir sobre los temas del curso.

Grupos de aprendizaje: pequeños grupos de estudiantes que colaboran y se apoyan mutuamente en el proceso de aprendizaje.

Informes de resultados: documentos que detallan el rendimiento y los logros de los/as estudiantes al finalizar el curso.

Interactividad: nivel de participación activa que los/as estudiantes tienen con el contenido, el instructor y otros estudiantes en un entorno de *e-learning*.

Interfaz de usuario: la parte de Moodle que los/as usuarios/as ven e interactúan.

Módulo: subdivisión de un curso que organiza los contenidos y actividades en bloques temáticos o unidades de aprendizaje.

Materiales de *e-learning*: recursos digitales utilizados para la enseñanza, como vídeos, documentos PDF, presentaciones y más.

Mooc (*Massive Open Online Course*): cursos en línea abiertos y masivos que están disponibles para cualquier persona con acceso a Internet.

Moodle (*Modular Object-Oriented Dynamic Learning Environment*): plataforma de aprendizaje de código abierto diseñada para proporcionar a educadores/as, administradores/as y estudiantes un sistema integrado para crear entornos de aprendizaje personalizados.

No tutorización: modalidad de *e-learning* donde los/as estudiantes estudian de manera autónoma sin la supervisión directa de un/a tutor/a.

Nooc (*Nano Open Online Course*): cursos en línea de corta duración y muy específicos, diseñados para cubrir temas particulares en poco tiempo.

Objetivos: resultados esperados que los/as estudiantes deben alcanzar al final del curso.

Paquete SCORM (*Sharable Content Object Reference Model*): conjunto de estándares técnicos que permite la interoperabilidad, accesibilidad y reutilización de contenidos *elearning*.

Plataforma LMS (*Learning Management System*): sistema que gestiona, documenta, administra y facilita la entrega de cursos de *elearning*.

Profesor/a: persona que crea, gestiona y enseña los cursos dentro de Moodle.

Recursos didácticos: materiales educativos utilizados en el *elearning*, como vídeos, documentos y actividades interactivas.

Recursos educativos: materiales y actividades que los profesores pueden añadir a un curso en Moodle, como archivos, páginas y URL.

Recursos técnicos: herramientas y tecnologías necesarias para crear y distribuir materiales de *elearning*.

Retroalimentación: comentarios y sugerencias que el/la tutor/a proporciona a los/as estudiantes sobre su desempeño.

Roles: diferentes perfiles de usuario/a dentro de Moodle, cada uno con permisos y responsabilidades específicos.

Seguimiento: monitoreo del progreso de los/as estudiantes a lo largo del curso.

SPOC (*Small Private Online Course*): cursos en línea privados y pequeños, generalmente diseñados para grupos específicos de estudiantes.

Tareas: actividades asignadas a los/as estudiantes para completar y entregar.

Taxonomía de Bloom: clasificación de los niveles de conocimiento y habilidades que los/as estudiantes pueden alcanzar, desde lo más básico (recordar) hasta lo más complejo (crear).

Tema: plantilla visual que define la apariencia del curso en Moodle.

Tutor/a: persona encargada de orientar y apoyar a los/as estudiantes durante el curso.

Tutoría bidireccional: modalidad de *elearning* que permite la comunicación en ambos sentidos entre el/la tutor/a y los/as estudiantes, favoreciendo la interacción.

Tutoría cooperativa: modalidad de *elearning* donde los/as estudiantes trabajan juntos en tareas y proyectos, con la orientación del tutor/a.

Tutoría unidireccional: modalidad de *elearning* en la que el/la tutor/a proporciona el contenido y los/as estudiantes lo consumen, con poca o ninguna interacción.

Títulos y subtítulos: herramientas de organización en Moodle que ayudan a los/as estudiantes a identificar y entender el contenido del curso.

Usuarios/as: todas las personas que interactúan con Moodle, incluyendo administradores/as, profesores/as, tutores/as y estudiantes.

Valoración: evaluación del rendimiento de los/as estudiantes en las actividades y tareas del curso.

***Webinar*:** seminario en línea que permite la interacción en tiempo real entre los/as ponentes y los/as participantes.

Wiki: herramienta colaborativa que permite a los/as estudiantes y profesores/as crear, editar y compartir documentos en línea.

Bibliografía

- Díaz García, P. M., *Difunda su conocimiento mediante plataformas web Moodle Wordpress y otros gestores de contenido*, Editorial Marcombo S.A., 2020.

- Pruneda González, R. E.; Castillo Sánchez, M. C.; Mozos del Olmo, C. M.; Muñoz Espinosa, E. M.; Sanz Redondo, A. M., *Moodle: gestión de contenidos online*, Ediciones de la Universidad de Castilla La Mancha, 2018.

- Sánchez Rojo, I. J., *Plataforma educativa MOODLE. Administración y gestión*, Editorial y publicaciones RA-MA S. A., 2015.

- Food & Agriculture Organization of the United Nations (FAO), *Metodologías de elearning: una guía para el diseño y desarrollo de cursos y aprendizajes empleando tecnologías de la información y las comunicaciones*, Ediciones Food & Agriculture Organization of the United Nations (FAO), 2014.

- Moodle (s. f.), Documentos y Documentación, https://docs.moodle.org/403/en/Main_page

- Moodle (s. f.), Documentos y Documentación, https://docs.moodle.org/all/es/Informe_de_Resultados